车博士书系·开车汇

SUV购买/驾驶/使用完全宝典

闻骐 编著

机械工业出版社
CHINA MACHINE PRESS

SUV不仅有轿车的舒适性，还有更好的越野性、安全性和运动性，便于日常生活、外出旅行和野外休闲，受到越来越多消费者的喜爱。

本书详细介绍了SUV的基本知识、购买原则和过程、各种环境下的驾驶技巧、自驾出行、改装升级、日常养护及汽车保险等方面的知识。广大SUV朋友们了解、掌握这些知识，不仅能够轻松购买和使用SUV，更能进一步培养对SUV的爱好与兴趣。

本书的最大特点是可操作性强，具有很强的实际指导作用，适合SUV车主、驾驶人、购车者及爱好者阅读使用，是广大喜欢SUV的朋友们的必备宝典。

图书在版编目（CIP）数据

SUV购买/驾驶/使用完全宝典/闻骐编著. —北京：
机械工业出版社，2012.6
（车博士书系）
ISBN 978-7-111-38782-4

Ⅰ.①S… Ⅱ.①闻… Ⅲ.①越野汽车—基本知识 Ⅳ.①U469.3

中国版本图书馆CIP数据核字（2012）第125462号

机械工业出版社（北京市百万庄大街22号 邮政编码100037）
责任编辑：李 军 孙 鹏 责任印制：乔 宇
北京汇林印务有限公司印刷
2012年7月第1版第1次印刷
148mm×210mm · 7印张 · 300千字
0001—4000册
标准书号：ISBN 978-7-111-38782-4
定价：49.80元

凡购本书，如有缺页、倒页、脱页，由本社发行部调换

电话服务
社服务中心：（010）88361066
销 售 一 部：（010）68326294
销 售 二 部：（010）88379649
读者购书热线：（010）88379203

网络服务
门户网：http://www.cmpbook.com
教材网：http://www.cmpedu.com

几年前，我们还把 SUV 的热销看成是我国汽车消费进入“第二辆车时代”的主要标志，但从近两年的 SUV 销售趋势上看，一些首次购车的年轻消费者也越来越倾向于 SUV。

我国的大部分 SUV 都是城市 SUV，是现代汽车与城市发展相结合的产物。SUV 兼具城市行驶和野外运动等特性，除了视野更宽阔、坐姿更舒服、外形更为粗犷以外，其他方面和轿车差别不大，大部分使用的都是轿车底盘。由于 SUV 外形设计前卫、造型新颖，具有豪华轿车的功能，极其符合现代人追求时尚和个性的心态，而且能适应各种路况，行驶范围广，性能价格比也相对较高，满足了中国年轻一代的消费需求。尤其是随着近年来汽车厂家在技术研发上的不断投入，SUV 车型也逐渐更换掉“油老虎”的旧面孔，以搭载各种先进发动机、采用车身轻量化技术等节油优势示人，吸引了更多对油价敏感的消费者。这也促进了 SUV 市场的持续发展，让 SUV 成为广大追求时尚生活的购车者的首选。

本书图文并茂，内容简明实用、通俗易懂，详细介绍了 SUV 的基本知识、购买原则和过程、各种使用环境下的驾驶技巧、自驾出行、改装升级、日常养护及汽车保险等方面的知识。此外，对于种种容易被忽视的小问题，本书都以编者提醒的方式为大家提供了贴心的小建议。

在 SUV 充斥着人们眼球的时代里，拥有本书不需要什么特别的理由，希望大家通过与本宝典的“亲密接触”，能够轻轻松松驾驶 SUV，驰骋于城市、乡间、野外的路途上。

编 者

目录 CONTENTS

B FX 9331

CA-777-VA

目录 CONTENTS

第一章 SUV 概述

目前 SUV 在中国的兴起，正是中国汽车市场和汽车文化迅速发展的必然结果，下面首先了解一些 SUV 的相关知识。

1 什么是 SUV

SUV 是 Sport Utility Vehicle 的简写，中文意思是运动型多功能车。在汽车发展的进程中，随着汽车技术的发展以及汽车市场的细分，原有的汽车分类已经无法满足人们多元化的需求，一些汽车厂家开始试图制造出一辆既能在公路上像轿车一样舒适，同时又能跋山涉水的全能旅行车，这就是 SUV 的雏形。

SUV 起源于美国，它的早期雏形是

第二次世界大战时期的吉普车，而第一代SUV则是克莱斯勒于20世纪80年代生产的切诺基，但在20世纪90年代初SUV才开始在美国真正兴起，1998年SUV的概念进入中国。

最初的SUV一般是指采用非承载式车身、越野强化底盘及四轮驱动系统，有良好越野能力与拖拽能力的车型。但是随着汽车与人们生活的联系越来越紧密，能够满足人们日常生活中的多种需求则成了汽车的发展方向。人们也认为SUV是一种由货车的拖拽能力、旅行车的载客空间、越野车的越野能力组合而成的车型。

其实SUV不仅代表一个广阔的车型领域，更象征了一种概念。任何车辆只要满足运动和多功能，就可以称为SUV。那些硬派的越野车当然也被包括在了SUV的范畴之内，SUV的发展方向也并非一味地远离越野，而是要将公路行驶和越野性能更好地结合起来，因此就出现了越来越多用轿车结构装上大轮胎、高底盘的SUV车型，有些车款甚至没有四轮驱动，缺乏正统SUV车种强大的越野与拖拽能力。这种车款通常可分成5座或7座，而且相当注重车辆的主动性安全配备，显然它们是在轿车的基础上发展而来的。

【编者提醒】

如今很多人对于什么是SUV，什么是越野车的概念并不清晰。关于SUV和越野车两者之间的差异，在定义上就有区别，SUV是运动型多功能车；而越野车是指有能力在野外及山地等恶劣路况行驶的车辆，其突出的特点是良好的通过性及爬坡能力，并不过多注重公路行驶性。可以说，越野车属于SUV的范畴，但SUV不能统统认为是纯正的越野车。

2 SUV 的历史

第二次世界大战时期的吉普车

SUV 早期雏形是第二次世界大战时期的吉普越野车，由于吉普越野车采用非承载式车身，使它比一般车辆具有更好的行驶稳定、抗振、抗拉性能，所以在战争后它成为越野爱好者最喜欢的探险车型。而在 20 世纪 50 年代至 80 年代，旅行车在美国非常盛行，并以舒适性和多用途性赢得消费者的称赞。

但是随着时间的推移，吉普越野车相对笨重、油耗大、乘坐不舒适的缺点越来越凸显出来。而在 SUV 真正诞生之前，越野车和旅行车两种功能还是由皮卡代替。可人们总认为皮卡只适合在郊外行驶，开着它在城区行驶，总有些别扭和不时尚。于是汽车厂家就把越野车和旅行车的优点结合起来，设计出既有旅行车的载客量和舒适性，又有像越野车的车身构造的多功能车辆，这就产生了 SUV。

第一代真正意义上的 SUV 则是克莱斯勒于 20 世纪 80 年代生产的切诺基，并成为当时的畅销车型。1990 年

20 世纪 80 年代生产的切诺基

福特打造的探险者也广泛吸引了大众的眼球，SUV 家族由此开始迅速壮大。在 20 世纪 90 年代，SUV 更是成为美国与全球汽车市场的主流车型种类，而美国长期以来最畅销的 SUV 车就是福特探险者和克莱斯勒切诺基。1998 年，SUV 的概念进入中国，推出的 SUV 车型是由克莱斯勒公司与北汽合作生产的小切诺基，此后相当长的一段时间切诺基都成为中国 SUV 汽车市场绝对的主角。

SUV 车型在最近十几年的时间里得到了快速的发展，欧洲一些豪华品牌厂家相继推出了豪华 SUV 车型，例如宝马 X6，保时捷 Cayenne 等车型。日韩的一些汽车厂家则推出了一些中级的 SUV 车型，例如本田的 CR-V，日产的奇骏等车型。而一些国产厂家也推出了一些中低端的 SUV 车型。

【编者提醒】

从 2005 年开始，受到油价飙涨与环保意识增强的影响，越来越多的人抱怨 SUV 车型的油耗表现不甚理想，也不够环保。汽车厂家也纷纷推出了重量较轻、油耗较经济的运动性跨界休旅车（Crossover SUV），以贴近消费者的真正需求。特别是近几年，SUV 向舒适化发展，一些 SUV 车型具有了豪华轿车的功能。

3 SUV的分类

汽车细分市场的繁荣开始让SUV的定义变得模糊，一般可以从起源、轴距和用途等方面对SUV进行不同的分类。

（1）按起源划分

1）硬派SUV。最早的SUV是在越野车的基础上演变而来的，人们不仅需要越野车彪悍的性能，同时也希望拥有轿车般的舒适和旅行车的宽大空间，因此就有了在越野车性能基础上改进而来的SUV，但它们依然保留了非承载式车身、非独立悬架、四轮驱动，甚至差速锁，这类SUV仍然拥有强悍的越野性能，而且在乘坐舒适性和空间方面得到了极大的改善。后来当城市型SUV出现之后，人们自然而然把拥有这类特点的SUV车型称为硬派SUV，以彰显其源自越野车的纯正血统。

2）城市SUV。进入到20世纪90年代中后期，人们对SUV的需求更加普及化，对于其近乎专业的越野性能的需求在减少，而对于日常驾乘舒适性和安全性方面的需求则逐渐增多。于是越来越多的生产轿车的厂家开始推出基于轿车底盘发展而来的SUV车型，这类车型采用承载式车身，四轮悬架也采用更舒

适的独立悬架，四驱系统更多是为了增加驾驶安全性。而这类车型的特点就是延续了轿车的优点，舒适和出色的公路性能。于是人们把这种 SUV 定义为城市 SUV。

（2）按照轴距划分

1）小型SUV。轴距小于2500毫米，代表车型就是铃木的吉姆尼了，此类车的优势就是行驶灵活、油耗低、性价比高。此类车型的排量基本都在 2.0 升以下。

2）紧凑型 SUV。轴距处于 2500~2700 毫米，例如大众的途观、本田的 CR-V、日产的奇骏等。此类车型阵容庞大，几乎成为 SUV 市场的绝对主力，此类车型无论空间、性能、油耗、性价比都处在一个黄金比例上，因此成为大多数用户购买 SUV 车型的首选。此类车型的排量基本都在 2.0~3.0 升。

3）中型 SUV。轴距处于 2700~3000 毫米，此类 SUV 除了拥有越野车的性能、轿车的舒适以外，还拥有了 MPV 车型的空间，大多数都是 7 个座位，可以称作是名副其实的多功能车型，然而价格却也因此而居高不下。此类车型的排量基本都在 3.0~4.0 升。

4）大型 SUV。轴距大于 3000 毫米，通常也叫全尺寸 SUV，其车身硕大、功能齐全、性能出色，当然油耗和售价也是高得惊人，这类车型大多源自 20 世纪 90 年代美国人的大车情结，而随着环保风潮席卷全球，这种全尺寸车型的阵地就只能收缩到豪华车阵地之内了，从当初的大众变成了如今的小众。此类车型的排量通常都在 4.0 升以上。

（3）按使用用途分类

1）城市商务 SUV。这类 SUV 通常具有的特点是：基本以承载式车身作为基本框架。动力强劲，整个车系中都有 V8 发动机以上级别的动力设定，内饰豪华，至少能达到 C 级车的标准。车内空间大，特别是轴距较长，前两排座椅的舒适度很高，不一定设有第三排座椅，公路行驶性能和舒适性都十分出色。虽然其中一些车型的四驱系统和悬架系统具有很强的越野潜力，但越野性能并非其主要侧重面。

这类 SUV 的整体价格都相对较高，一般这类 SUV 的车主都很少将它们驶离公路，他们喜欢用这类 SUV 代替商务轿车使用，所以将这个用途领域取名为城市商务 SUV。在国内市场上，绝大部分的大型 SUV 都属于这一类。

2）城市休闲 SUV。城市休闲类的 SUV 一般都是很理想的城市家用车，它们通常价格实惠，体积也较小，车身底盘和驱动系统也都十分轿车化，越野能力通常是可有可无的考虑要素。动力系统不要求强劲，但行驶灵活性很高。与动力性能相比，燃油经济性往往是更重要的指标。

城市休闲 SUV 通常是车主用来替代旅行轿车的产物。原因就在于相比旅行轿车，这类 SUV 的车内空间不仅大，而且利用率更高，不少车型的后排座椅都可以完全放到与地板等高的位置。车型的配置虽谈不上豪华，但功能绝对多种多样，而且十分方便日常使用。国内

市场上大部分的中小型 SUV 都属于这一类。

3）长途旅行 SUV。与前两类城市用途的 SUV 不同，这类 SUV 更强调越野性能，因为它们真正需要跋山涉水。所以这类 SUV 大都采用非承载式车身，车内空间大，装载能力强。四驱系统也比较偏重越野性能，往往都带有机械式差速锁和越野低速档。但与纯种越野车不同的是：这类 SUV 的大多数时间仍然是在公路上行驶，通常也需要在一定程度上兼顾铺装路面的行驶性能和舒适性。车辆的动力系统往往只追求“够用”，而不要求强劲，因为过分强劲的动力系统可能会以高油耗作为代价。这类 SUV 虽然自重较大，但燃油经济性往往是一个重要的指标，因为这会直接影响车辆的续航能力，为此，很多车型甚至装有副油箱，对于这类 SUV 的另一个指标就是可靠性，这对于长途行驶尤为重要。电子系统的可靠性永远不能与机械装置相比，因此车主在购车时往往不会选择拥有大量电子配件的豪华车型，而更多地钟情配置相对较低，但性能更可靠的车型。

4）硬派越野 SUV。这类 SUV（其实应该叫做越野车）的性能完全倾向于越野行驶。刚性很高的非承载式车身和整体桥是必备结构。四驱系统也是刚性连接的可接通式四驱系统或带中央差速锁的全时四驱、越野低速档和前后桥差速锁等，发动机也都能在低转速下发出强大的转矩。这类 SUV 通常都有两门或三门的车身长度设定，其实际用途也不过就是“越野玩具”或是最艰苦环境中的工作车。如此极端的性能使它们几乎不适合日常使用，再加上相对高昂的售价，这类 SUV 在我国的保有量十分稀少，以至于成为了少数车迷们的“机械宠物”。但一个例外就是奔驰 G 级，由于外观庄重、内饰豪华，所以在一些消费者的手中沦为了城市商务领域的车型。

【编者提醒】

由于 SUV 车型采用的发动机排量跨度很大，并且好多不同种类的 SUV 的发动机排量都可以相近或相同，所以单纯以发动机排量并不能准确和客观地对 SUV 进行分类。

4 正规 SUV 与皮卡改装的 SUV 的区别

随着人们对 SUV 概念的认同和市场的升温，很多皮卡改装的 SUV 也纷纷登场。皮卡的英文名称为 Pickuptruck，也有的简称为 Pickup，它源自 20 世纪 40 年代美国民用吉普所衍生出来的四驱客货运两用车。现在虽然经过改装的皮卡也拥有了和 SUV 一样的外形，但它本质上仍然和真正的 SUV 有着明显的区别。

具体说来，皮卡改装的 SUV 和正规 SUV 的区别在于：

1）车辆的舒适性和安全性。

皮卡改装的 SUV 是将原来后货箱的空间变成为后排座位。皮卡的底盘设计初衷是前排坐人，后箱拉货。为加固和稳定后货箱的承载，必须将底盘在货箱下面的位置相应升高。所以使用皮卡底盘改装的 SUV，其后排座位均高出前面驾驶人座位十几厘米，这与正规 SUV 明显不同。同时，为了解决后排乘员头部空间问题，这些车的后排顶部空间也就不得不相应加高，所以此类改装车都以高大臃肿的造型出现，显得极不协调，舒适性自然也就大打折扣了。

2）综合性能和整体表现。

就皮卡来讲，它的设计初衷本就是以运货为主要目的，这就和以追求高品质生活、实现自我为目的的SUV车型在设计理念上有着显著的区别。SUV的高性能设计体现了其完美的个性，而自设计之初就已经决定。而皮卡的整车工艺略显粗糙，乘坐舒适性上也有所折扣。

真正的SUV车型，对于操控感以及车体密封、车内噪声、座椅舒适性等细节都有很高的要求，亦能体现个性的张扬。SUV带来的是拥有更多的驾乘乐趣和舒适感，毕竟在SUV的领域里，高档生活品质和值得玩味的文化内涵，才是其驾驶人独特个性和魅力的真正体现。皮卡改装SUV车型在货运能量方面确实有一定潜力，但是如果你想要的是SUV的那份时尚与洒脱，在挑选时可要仔细甄别，以免造成遗憾。

【编者提醒】

一般认为SUV应该具有以下3个特点：

1）运动性。这包括了针对汽车加速性能和最高车速两个层面的要求。

2）功能性。即在各种路面上的通过能力和适应环境的能力。

3）舒适性。也就是说在操控性和乘坐的舒适性上不仅要和轿车媲美，同时在车厢内部的人机工程学设计上也不能降低标准。

第二章
SUV 购买原则

与购买轿车不同，购买 SUV 的消费者不仅要求车辆具有良好的动力性和操控性，并且对车辆的空间、通过性、驾驶视野等也有更高的需求。

5 动力性

通常车辆动力性最直接的反映就是发动机排量、最大功率以及最大转矩等性能参数。影响汽车发动机工作效率的两个重要原因，一是配气，二是供油。抛开增压发动机、混合动力不说，如今主流汽车厂家的技术大致分为三派：

1）以日韩车为主导的 VVT-i、VTEC、VVT 等技术。虽叫法不同，但基本原理都是通过改变进气量以及气门的升程来优化燃料的消耗与动力的输出。

2）以大众汽车为代表的德系车近年来一直推广的 FSI 技术，将燃料按所需

VTEC发动机

的浓度直接喷入气缸，再经过分层燃烧，以达到发动机更佳的工作效率。

3）然后就是美国派，曾经以大排量、高油耗为荣的美国车在能源日益紧张的今天也不得不做了些妥协，于是关闭部分气缸成了他们的独门秘笈，以克莱斯勒的 8 缸发动机为例，平稳运转时电脑可以自动关闭 4 个气缸以节省能耗，而急速超车时 8 个气缸则共同工作，提供更大动力。

下面要介绍的就是目前几款主流发动机的技术原理。

1）VTEC（可变气门配气相位和气门升程电子控制系统）。由本田汽车开发的 VTEC 是世界上第一款能同时控制气门开闭时间及升程两种不同情况的气门控制系统，现在已演变成 i-VTEC。i-VTEC 发动机与普通发动机最大的不同是中低速和高速会用两组不同的气门驱动凸轮，并可通过电子系统自动转换。此外，发动机还可以根据行驶工况自动改变气门的开启时间和提升程度，即改变进气量和排气量，从而达到增大功率、降低油耗的目的。

2）VVT-i（智能可变配气正时系统）。VVT-i 是丰田独有的发动机技术，已经十分成熟，近年国产的丰田轿车大都装配了 VVT-i 系统。与本田汽车的 VTEC 原理相似，该系统的最大特点是可根据发动机的状态控制进气凸轮轴，通过调

VVT-i发动机

整凸轮轴转角对配气正时进行优化，以获得最佳的配气正时，在所有速度范围内提高转矩，并能改善燃油经济性，从而有效提高了汽车性能。

3）CVVT（连续可变的气门正时系统）。韩国的汽车工业一向不是以技术先进闻名，所以所用技术也多是借鉴了德、日等国的经验的，而CVVT正是在VVT-i和i-VTEC的基础上研发而来的。以现代汽车的CVVT发动机为例，它能根据发动机的实际工况随时控制气门的开闭，使燃料燃烧更充分，从而达到提升动力、降低油耗的目的。但是CVVT不会控制气门的升程，也就是说这种发动机只是改变了进、排气的时间。

4）FSI（缸内直喷分层燃烧技术）。FSI是汽油发动机领域的一项比较新的技术，有些类似于柴油发动机的高压供油技术。它配备了按需控制的燃油供给

CVVT发动机

FSI发动机

系统，然后通过一个高压泵提供所需的泵油压力，最后供油系统会在最恰当的时间将汽油直接注入燃烧室。通过对燃烧室内部形状的优化设计，使火花塞周围有较浓的混合气，而其他区域则是较稀的混合气，保证了在顺利点火的情况下尽可能地实现稀薄燃烧，这也是分层燃烧的精髓所在。FSI 比同级发动机的动力性会显著提高，而油耗却可以降低 15% 左右。

5）MDS（可变排量发动机）。克莱斯勒近些年研发的 HEMI 大功率多缸发动机使用了一项叫 MDS 系统的技术，这套系统可在 4 缸和 8 缸模式间自动转换。这种技术更适合多气缸的发动机使用，在不影响驾驶人追求大排量车型的加速刺激的同时，又有效降低了堵车时的油耗。例如一台常规的 8 缸发动机在采用了这种技术后，就等于装了两个独立的 4 缸发动机，可以根据驾驶的需要

MDS发动机

让一台发动机运行，另一台休息，或者同时工作。

在看过了上面的技术解释后，厂家发布的功率、转矩参数也是衡量一款发动机技术水平的重要依据。在厂家提供的性能参数表中，我们会时常看到对最大功率和最大转矩的介绍，于是有些销售人员就会误导消费者说功率越大，车辆的动力也就越大，其实这种说法是片面的。

例如两辆车的输出功率都是 200 千瓦，那么其中的运动型轿车肯定可以跑到 250 公里／小时以上；而另一辆载货汽车也许最高只能跑到 120 公里／小时，不过它却能拖动 50 吨重的货物，这里面的核心原因就在于两辆车的发动机转矩不同。简单来说，最大功率表现在高转速，它决定着车子能跑多快，而转矩却不一定在高转速时发挥，但可以决定车辆行驶时的力量，当然也包括了起步时的加速性。

所以在看发动机参数时，要同时参考功率和转矩数值，并留意当发动机处于最大功率、最大转矩时的转速，达到最大转矩时的转速数值越低，加速性也会越好。

【编者提醒】

强劲的动力不仅取决于发动机性能，还与风阻系数有很大关系。研究表明，具有流线形车身的汽车抗风阻性能最好。目前有部分汽车采用了流行、时尚的流线形车身设计，不仅一改传统车型的老套，还有效改善了风阻系数，大大降低空气阻力，提高了车辆的行驶速度，也增强了高速行驶的稳定性。

6 底盘悬架

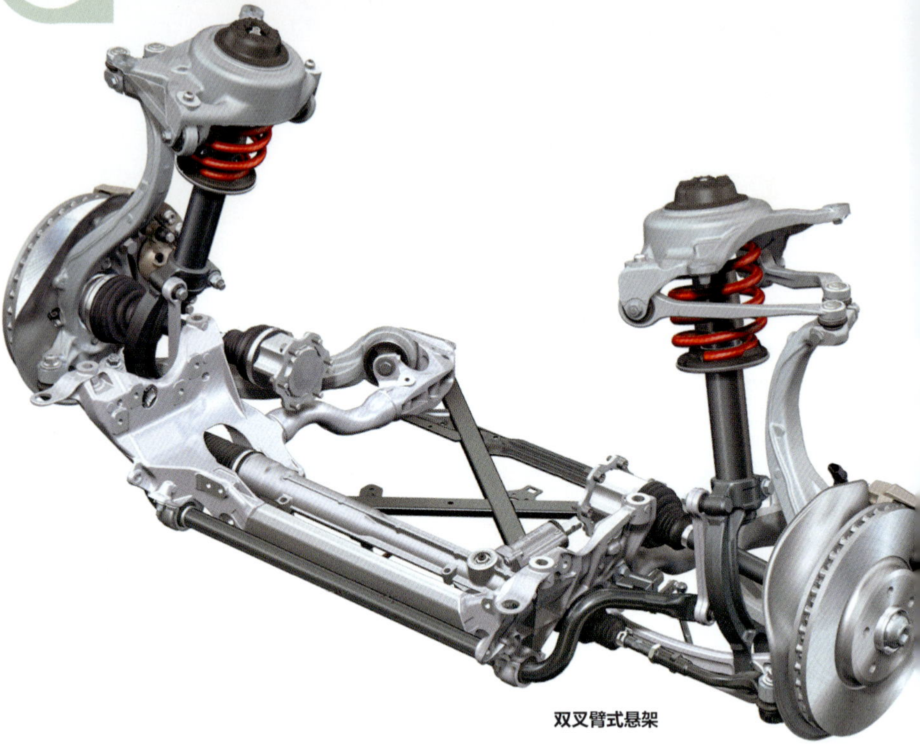

双叉臂式悬架

对于一辆车来说，底盘是非常重要的组成部分之一。尤其对于 SUV 而言，在驾乘过程中反映出来的性能的优劣、乘坐的舒适度、多种路况的通过性等诸多方面的主观体验，都是源于底盘。而在整个底盘结构之中，悬架结构又是其中的重中之重，它影响着 SUV 的舒适性和操控性，其可靠性和强度对 SUV 而言也有着至关重要的作用。下面我们就简单地介绍一下当前最常见的几种悬架。

1）麦弗逊式悬架。多用于经济型轿车前轮，它是独立悬架的一种，结构简单、布置紧凑，具有良好的行驶稳定性。不过在非常颠簸的路面上行驶时，转向不易控制，所以更高级些的车型大都会在麦弗逊式悬架的基础上加装平衡或稳定装置，以达到更高的行驶稳定性。

麦弗逊式悬架

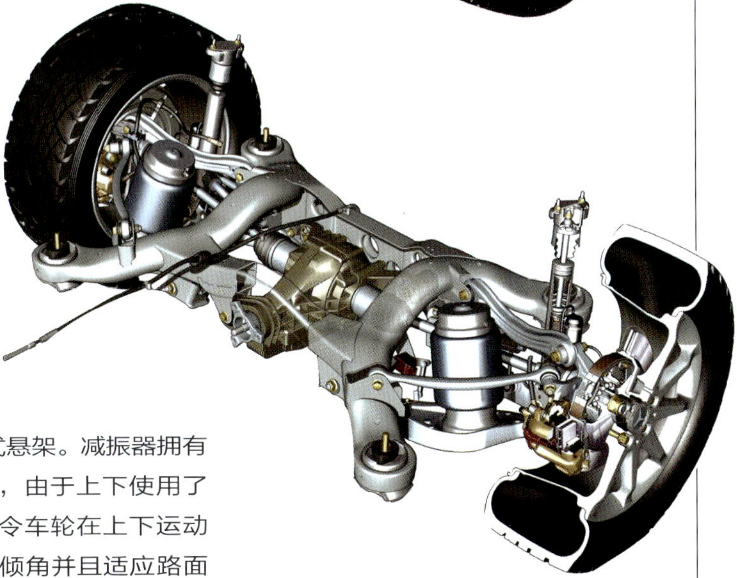

拖曳臂式悬架

2）双叉臂式悬架。减振器拥有上下两个支撑臂，由于上下使用了不等长的摆臂，令车轮在上下运动时能自动改变外倾角并且适应路面的起伏，使轮胎的附着力更大，因而许多偏重运动设计的车型会采用此类悬架。

3）拖曳臂式悬架。这是一种专为后轮设计的悬架系统，它的优点是成本低廉，而且不占用底盘过多的空间，在转弯时减振器负荷也不会过大，不过缺点是无法提供更为精准和平衡的操控特性，所以现在大多经济型的小车使用这种结构的后悬架。

4）扭力梁式悬架。这是一种半独立悬架型式，这种悬架结构简单，耐用可靠，但缺点是两轮受冲击振动时会互相影响。对于细小的振动还能较好地过滤，但对于大坑洞的反应则会比较激烈。

5）多连杆式悬架。这是现在比较先进的后悬架技术，其中又可分为五连杆和四连杆。多连杆的后悬架能实现主销后倾角的最佳位置，大幅度减少来自路面的前后方向力，从而改善加速和制动时的平顺性和舒适性，同时也保证了行驶中的车辆稳定性。当然实际的操控特性还要取决于车辆的调校、整车的配重等多方面特性。同时现在越来越多的高级车上还配备了气动液压悬架或电磁减振器等，目的就是为了在舒适性和运动性方面实现更好的平衡。

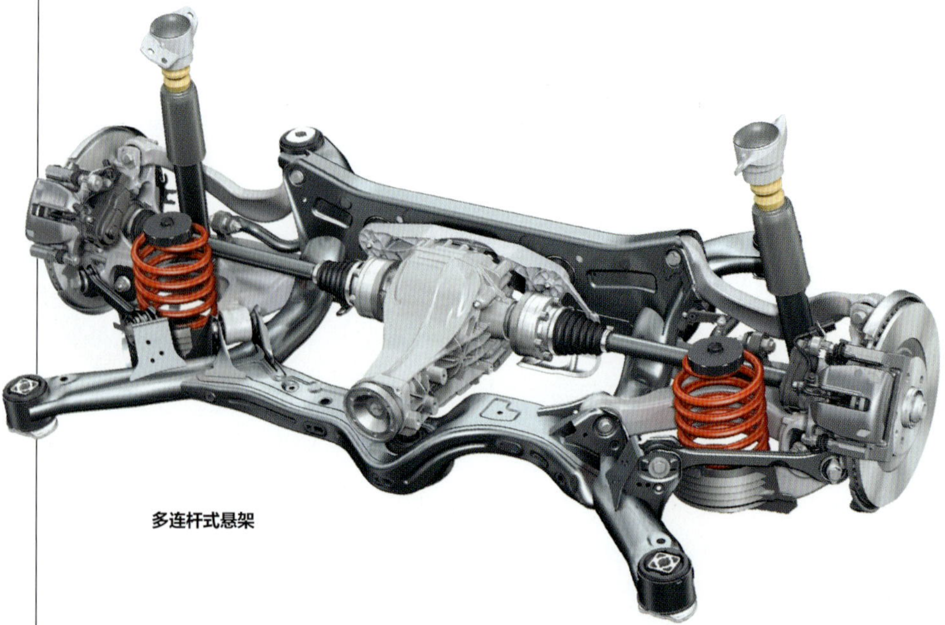

多连杆式悬架

扭力梁式悬架

【编者提醒】

简单地说，悬架系统就是指由车身与轮胎间的弹簧和减振器与车架连接部分组成的整个支持系统。悬架系统应有的功能是支持车身，改善驾驶与乘坐的感觉，因为使用不同的悬架系统，会使驾驶人与乘客在车辆行驶过程中都有不同的感受。

一般说来，汽车的悬架系统分为非独立悬架系统和独立悬架系统，由于人们对车辆操控性与乘坐舒适性的要求越来越高，所以非独立悬架系统已经逐渐被淘汰。

7 离地间隙

最大涉水深度

最小离地间隙

离去角

接近角

通过角

近年来随着城市SUV的大规模流行，消费者常能听到厂家在介绍某款车时，就必然提到它的离地间隙，而一时间关于“离地间隙”的数据似乎也越来越多。虽然仅从字面上大多数人都能明白这其中的大概含义，但离地间隙在日常驾驶中究竟意味着什么似乎就少有人知了。

首先，离地间隙是指车辆在水平停稳后，地面与车辆底部刚性部件（发动机油底壳、油箱或悬架托臂等物体）最低点之间的距离。离地间隙是衡量一款车通过坑洼不平路面性能的最直接参考数据，它的设定值将直接影响到整车的通过性、动态的稳定性以及外观的协调性等。

例如运动型汽车的最小离地间隙一般会比较小，很多跑车的最小离地间隙甚至要小于 100 毫米，这是因为跑车的设计行驶速度都很高，为了增加高速行驶时车身稳定性以及降低风阻，厂家就会降低车身高度；而越野车和 SUV 车型的最小离地间隙大都会设计得比较高，比如路虎或吉普车型的最小离地间隙大都要大于 200 毫米，那是为了增强户外的通过性能。不过，现在日系车、德系车以及美系车对离地间隙数据的标注形式会略有不同，有些厂家标注的是满载情况下的离地间隙，而有些厂家则标出的是空载情况下的离地间隙，消费者在购车时还需要看仔细。

【编者提醒】

说到离地间隙就不能不提一下汽车的接近角和离去角。一般来说，只有对越野性能比较偏重的车型才会标出接近角和离去角。接近角是指车辆在水平静止时，地面与前轮轮胎外缘到保险杠平面之间的最大夹角；而离去角是指车辆静止时，水平地面与后轮轮胎外缘到后保险杠之间的最大夹角。这两个数据再配合离地间隙的数据基本就可以分析出一款车的大致通过性能。当然，汽车的通过性也不是一成不变的，它会根据悬架的软硬、载重的多少、路况的坑凹状况随时变化，数据只是衡量一款车综合通过性能的标准之一。

8 操控性

现在越来越多的人喜欢SUV。如果在良好道路上行驶时，SUV视野高、看得远，感觉的确比轿车好。但由于SUV车型比普通轿车的重心高、悬架行程长，所以在操控性上与轿车相比还是有点差别。在直线行驶时，SUV和轿车相比没有什么大的区别，而在变道或过弯时差别就表现了出来，普通轿车悬架行程短、重心低，很轻松就能通过的弯道，如果SUV用同样的速度过弯，则可能感觉到侧倾比较大，但并不意味着有翻车的风险。如果能克服心理上的恐惧感，SUV也是可以很流畅地过弯，极限值和轿车相差并不是很多，一般也就相差20%左右，如果是不强调越野能力的SUV，其极限值可能和轿车相同甚至还更低。

购买SUV必须特别关注其主动安全性，包括车身重心、底盘操控能力以及电子主动安全设备。一般来说，一款比较好的SUV车型应该配备电子车身稳定系统（ESP）和牵引力控制系统（TCS），这两种主动安全系统能够有效降低SUV因车身庞大、重心高而失控造成事故的概率。

除了ESP和TCS以外，倒车辅助系统也是SUV值得重视的安全配置，因为SUV车身高，后方视野通常有较大盲区，国外和国内都发生过因SUV倒车不慎而碾压儿童的惨剧。配备倒车影像系统可以有效提高倒车安全性，另外一些高端SUV开始提供先进的车侧或车头摄像系统，甚至能提供“全景监测”功能，大大减轻了倒车、泊车时的难度，安全性也有极大保障。

【编者提醒】

在高速公路上，SUV一样也能跑得很快，如果单纯比较超高速行驶，肯定是轿车类的车型更占优势，如果各种路况全面比较，就算是不越野，肯定也是SUV类的车型开起来更舒适。

另外，由于车身高度高还会引起侧面积更大，因此抗侧风能力也比轿车差很多，因此在多风的公路上高速行驶时，SUV的晃动感也明显高于轿车。

9 驱动形式

SUV 采用的四驱系统可分为全时四驱、分时四驱和适时四驱。

1）全时四驱是车辆在整个行驶过程中一直保持四轮驱动的模式。它的优点是拥有较好的越野和操控性能。缺点是相对油耗偏大，经济性差。

2）分时四驱是由驾驶人手动切换的驱动模式，驾驶人可以通过接通或者断开分动器来选择两

全时四驱构造图

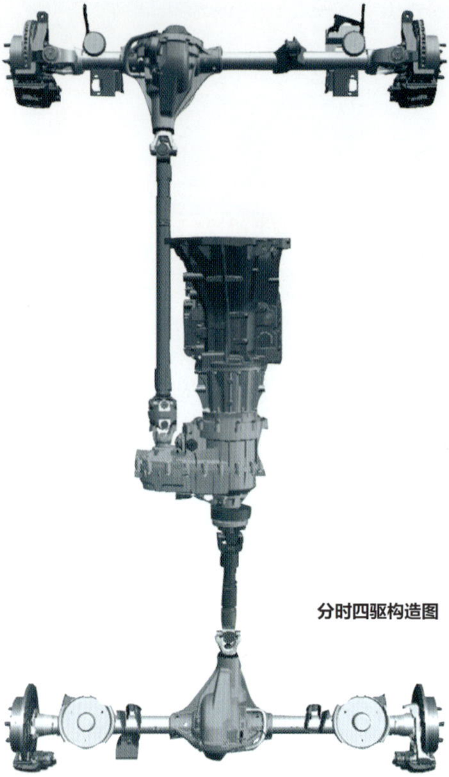

分时四驱构造图

轮驱动或者四轮驱动模式，这是SUV车型中最常见的驱动模式。它的优点是既能保证车辆的动力性和通过性，又能兼顾燃油经济性。缺点是驾驶人需要自行判断路况，手动操作驱动模式。

3）适时四驱是近年来发展起来的驱动技术，由电脑芯片控制两驱与四驱的切换。它的优点是在继承全时四驱和分时四驱优点的同时，还弥补了它们的不足，能够根据驾驶环境的变化来控制两驱与四驱两种模式的切换。在颠簸、多坡多弯等附着力低的路面，车辆自动设定为四轮驱动模式，以获得更好的通行能力。而在城市平坦的路况时，车辆会自行切换为两轮驱动，以减少油耗。如果需要，驾驶人还可以按下“LOCK”（锁止）键，立即转换成全时四驱。缺点是售价相对高一点。

此外，还有很多SUV采用两轮驱动形式，和普通轿车一样通过前轮驱动。两驱车型无论外观、内饰，还是驾驶视野和驾

乘感受，都与四驱车型没有区别。有了这些两驱车型，SUV 爱好者既可以在城市路面上过足 SUV 瘾，又不必为增加四驱功能带来的成本升高和功能闲置而烦恼。

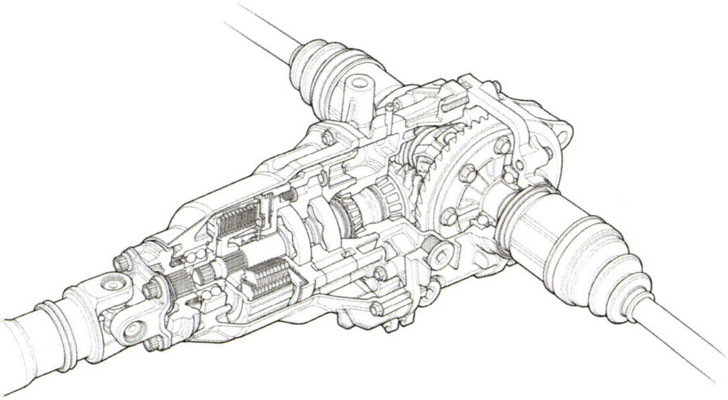

适时四驱构造图

【编者提醒】

在选择购买自己喜爱的 SUV 车型时，消费者一定要清楚地了解自身的真实需求。如果大多数时间都在良好的公路上行驶，挑选一辆中意的两驱款 SUV 不仅足以满足日常需求，而且更经济。如果您喜欢运动，经常驾车去野外游玩，不妨购买一款带有四驱模式的 SUV，这样在复杂多变的路况上，四轮驱动系统可以带来更大的牵引力，大大减低车辆打滑以至不能前行的机会。

10 经济性

从使用价值的取向上来说，选择轿车还是SUV，是有显著区别的。轿车是街道、公路上的代步工具和运动工具，但SUV除了具备这样的功能之外，还能到公路之外的荒漠、泥潭和山区行驶。

在高油价的今天，经济性似乎在消费者购车选择时所占的比例更重一些，也成为一款合格的SUV所必须具备的首要因素。从外观和使用特点来看，由于动力充沛、转矩强劲，加上车体宽大、自重较重等原因，SUV与“强动力，高油耗”的越野车存在某些相同之处，使得不少消费者误将SUV等同于越野车，把SUV划为高油耗车型之列。加之发展之初的蜂拥而上、鱼目混杂，有些低档SUV沿用传统的发动机，油耗偏大，影响了SUV的整体形象。实际上，随着人们生活方式的变化，SUV以其兼备轿车的经济性，并能激情驾驶的独特优势，吸引了越来越多的消费者的青睐。

【编者提醒】

SUV在路外运动有专长，也就给驾驭它的人带来了轿车所无法给予的感觉。多了一项使用功能，增添了一份价值，用户就得多掏一份钱。这也就是在欧美SUV普遍比同排量轿车价高的原因所在。一般来说，油耗不是购买SUV的首选因素，但需要提示的是，目前美国市场上的一些超大排量的SUV，就连一部分美国人也觉得浪费严重。

11 综合判断

一般来说，我们习惯把车按照其制造国籍分为德系、美系、法系、日系、韩系，还有国产车这几大类。之所以这样分是因为评价一辆车的标准有很多，但首选的标准就是品牌和技术。上述几个主要国家生产的汽车都特色鲜明，因此按照国籍分更容易让消费者按照自己的实际需求选购爱车。

现在市场上大部分销售的量产SUV车型出于制造成本等原因，其性能取向其实早已定好。一辆车的制造成本固定了，利润固定了，消费者选了真皮座椅就不能加天窗，要了天窗就不能要导航，要了导航那您在其他性能方面可能就要妥协。当然，想面面俱到也不是没可能，无非就是在购车费用方面可能就得多破费一些了。说了这么多就是想告诉您，其实所有的汽车在设计之初就已经考虑到了日后的购买群体，其在开发时的倾向也会各有不同。总的来说，日系车一般会比较注重实用性和细节，德系车比较注重机械方面的性能优势，而法系车比较注重个性度的开发，韩系车和国产车则在性价比方面更有优势。

此外，在决定购买SUV车型时还应该注意以下几点。

1）制造商实力大小。实力强大他们才可能有条件拥有较先进的生产设备，拥有较先进的汽车技术、较丰富的生产和管理经验，他们生产的汽车才更有可能是好车，他们才有能力建立更健全的服务网点，提供更优质的售后服务。

2）品牌美誉度。一般来讲，大品牌的汽车要比小品牌或品牌美誉度不佳的汽车，其质量、性能、售后服务等更可靠一些。

3）车型改款换代次数。作为首代车型，可能存在许多设计缺陷，甚至非常低级的毛病。

4）保有量和销售量。保有量的大小，直接关系到售后维修的便利性和费用。销售量则是表明这款车是否真的受欢迎的指标。

第三章

SUV 购买过程

在决定了要购买的 SUV 车型后，购买过程中自然也是一个非常重要的过程。

12 车辆检查

选购 SUV 的第一步当然是对要购买车辆进行一个全面的检查。

1）车身检查。车身外部主要是对漆面的检查。

① 让经销商将车停放到室外光线充足的地方。

② 远观。围着车身走一圈，仔细查看车漆颜色、全车颜色是否一致。

③ 细看。接近车身在较近的距离观察车身漆面有无擦伤、开裂、起泡或锈蚀划痕以及补过漆的痕迹。查看前后风窗玻璃有无损伤。

2）内部检查。打开发动机盖，检查各部分走线是否合理，有无混乱。检查

制动液和冷却液是否在厂家规定的下限和上限线刻度之间，转向助力液也应在下限和上限线刻度之间。检查发动机传动带是否有纵向裂纹。检查汽车有无（冷却液、润滑液、制动液、电解液及制冷剂）泄漏现象，通常可能漏油的部位是发动机的油底壳、变速器和后桥，只要观察一下这些部件的外壳是否有渗漏的油迹，或观察地面车底相对应发动机、变速器、减振器、散热器、四轮内侧等是否有滴油、滴液的痕迹，即可判明。

3）发动机检查。看看发动机各部分是否干净，然后拉出机油尺，观看机油的容量和清洁度。起动发动机，在冷起动时注意转速表指针的变化。正常情况下指针应在 1200 转 / 分左右，然后正常平顺地滑落至 800 转 / 分。观察各种仪表及警告装置工作是否正常，当冷却液温度和机油压力正常时，要通过对发动机的声音和反应进行检查，首先听怠速的声音，应该是平稳而且连续的，不应该有金属敲击声和其他异响。

4）车内检查。检查车门把手开、关门是否灵活、安全、可靠，门窗密封条是否损坏。查看座位上有无污垢，座椅前、后是否可以调整，安全带是否完好。

5）制动系统、动力系统检查。发动机不熄火，人坐进车内，手放在方向盘上，左脚踏离合器踏板，应感觉轻松自如，并有一小段自由行程；右脚踩下制动踏板不放，其应保持一定高度，若其缓慢下移，则表示制动系统有泄漏现象；加速踏板不应有犯卡、沉重、不回位的现象，腿、脚放在加速踏板上时，应自然舒适，这样才能保证长途驾驶不疲劳。关好车门，将双手放在方向盘的位置，分别在怠速和大负荷状态下感觉发动机带来的抖动是否正常，听听传入车厢内的声音是否太大，再试试空调系统在冷热工作状态下的情况（开启空调，观察机器运转是否平稳，声音是否正常）。用手晃动方向盘，上下不应有间隙，左右自由行程不应过大，表面手感要好。检查所有仪表显示是否正常。

6）轮胎和减振器检查。检查轮胎部分，查看轮胎胎面是否新净、轮圈表面是否有刮伤的痕迹，以及看看轮胎的毛刺是否有过多的磨损（短距离的行驶一般对轮胎毛刺的磨损较小）。检查备胎与其他 4 个轮胎规格是否相同。检查一下螺栓的接头，如果不配套赶紧更换。检查四个轮胎的气嘴帽是否在。用手按压汽车前后左右 4 个角，松手后跳动不多于 2 次，表示减振器性能良好。

7）试车。在销售人员的陪同下，将车开到比较宽阔的地方以慢速行驶，感觉有无异常现象，换档是否顺滑，转向是否灵敏，行驶中车身有无异响等。

建议变速器一定要路试，特别是高速档位在 3000 转 / 分时入档应该非常轻松而且准确才对，如果遇到迟滞或者需要用力最好不要。行走系统要在路试时注意找反射面听声音，是否有异响。

【编者提醒】

在车辆检查结束后，要仔细检查各项随车资料。购车发票、车辆合格证、三包服务卡、车辆使用说明书、车辆出厂检验单，有些车辆发动机有单独的使用说明书及备用钥匙，有些车辆的某些选装设备有专门的要求或规定，这时消费者都要向经销商索要有关凭证。赠送加装项目是否都已安装或交付。最好能与销售顾问签署交车清单，对于未尽事宜在交车清单中注明并要求销售顾问签字盖章。

13 把握购车时机

一年中什么时候买车最合适？其实就现在的车市而言很难说什么时候最合适，赶上厂家的活动促销，可能并不是节假日，但买到的车却很划算。

在中国人的传统观念里，老百姓依然有过节买大件的习俗。这其中一方面是地域消费习惯的使然，而另一方面则是遇有节日时，各单位总会表示一下，尤其春节，这是大家辛苦一年后收获的时节，兜里有钱了自然想置办个大物件。为了抓住这个商机，各家4S店大多会采取薄利多销的销售策略，以拉拢更多客户。此外，汽车厂家自然也不会坐视不理，在遇有年末、店庆等重要节日时，厂家一般都会出台针对性的优惠政策，以扩大品牌影响力和消费者的数量。因此，在这几个节日里买车往往能得到更多优惠。

除此之外，每个月末，尤其是每季度末的最后几天和每年12月31日前的那几天也是买车的不错时机。之所以每个“末”的价格都相对松动较大，主要是由汽车厂家的销售考核统计标准造成的。因为对于汽车厂家来说，一般都会以这几个“末”作为销售数据的最后截止日期，而此时一些未完成经销目标的经销商或销售员，为了完成考核标准就不得不在月末、季末或年终采取更大幅度的让利措施，以求充量。我们经常可以看到一些4S店的销售数据上显示，在一个月的前20个工作日可能只完成了既定销量的一半，但到月末最后一周一下就完成了另一半。虽不是每月常见，但逢“末”有优惠的惯例还是有据可循的。

【编者提醒】

众所周知，当一款车即将退市或不再作为主力车型销售时，厂家为了清库存一般都会有较大幅度的优惠让利活动，而此时对于那些不喜欢尝鲜的消费者来说，可就是好机会了，此时购车的性价比一定会比购买刚上市的新车高很多。

14 购车砍价的招法

买东西砍价在中国人的消费观里似乎是天经地义的，何况是汽车这么大的物件。不过买车跟买衣服可不一样，这里面的学问深了。

首先，在跨进 4S 店大门前你一定要先定好心理价位。别人花多少钱买的，自己多少钱能接受，正所谓知己知彼才能百战百胜。不着边际的瞎砍很可能是两败俱伤。这里还要特别说明的是现在大部分的汽车厂家都在执行“区域价格政策”，也就是说一款车在不同地区的售价很可能不尽相同，所以事先做功课时最好参考本地一级经销商（也就是厂家 4S 店）的价格，有些二级经销商的裸车报价虽然低，但这可能不是最后的成交价，想把车提走还要接受一大堆的附加条件。除了知道心仪爱车的售价区间外，竞争对手的优势和价格也是先期必修的功课之一。这些知识将成为您日后压价的有利砝码。

功课做足后，你就能自信地推开 4S 店的大门了。当然，进入店内绝不要急于砍价，而是要先看车，等销售员上来问你问题。而且这时最好表现得有些犹豫不决，之前的功课现在也能派上用途了，这会一定要大篇幅地搬出竞争对手的优势来，这样销售员就要想更多的办法来说服你，而价格因素肯定是其一。此外，选择销售员时要以男性为主，因为男的一般会比较义气、容易冲动，而女性销售员则较为细致，容易斤斤计较。另外，男性客户面对女性销售员时的战斗力总会弱一些。

大概的价格谈拢后就可以坐下来谈细节了，一般买车的价格会分四块，净车价、购置税、保险、包牌。四块中购置税与保险是与净车价直接挂钩的，净车价砍下来了，税和保险都要重新计算。比如全包四块总价为 15 万元，净车价是 13.5 万元，当你把车价砍下 3000 元时，销售就自然地在总价里帮你扣去 3000 元，变成 14.7 元万买给你。这里其实被他隐瞒了购置税和保险下调的那一块。因此，我们要砍的目标就是净车价。

最后要说的是，买卖不成人情在。实在谈不拢也没必要争个脸红脖子粗的，换个 4S 店，退一步接着砍。

【编者提醒】

如果是现款提车，要准备好身份证、驾驶证、银行卡，如果已经交款只是单独提车，提车前带齐发票、合格证、保修单、用户手册。这些东西主要用于核对发动机排量、出厂年月、车架号、发动机号，这些要与说明书上的一致，若不一致，上牌时就会很麻烦。此外，挑车时最好带上一块抹布和一张 CD 盘。

15 新车验车上牌流程

其实，买车是个体力活，提到了车不代表就可以直接开回家了，你还得带着它去上牌验车。这就像我们到了年龄去办身份证一样，上牌验车也是给你的爱车一个身份。新车购买完成，您手里会有四样东西：三联或四联的发票、右上角有二维码的车辆信息表、车辆合格证原件及保单。您得带着这些东西及发票复印件、身份证复印件、合格证复印件，先去办理保险，然后再办理新车手续。下面就分步骤地详细说一说。

（1）办理验车上牌

分为工商验证和缴纳购置税两部分。工商验证所需手续有发票联、注册登记联和合格证原件，把三张票据交给办公人员，盖章即可；缴税需要合格证复印件、身份证复印件、车辆信息表和发票的报税联，因为这个环节人多，所以得花点时间和耐心。

（2）去检测场

1）到达检测场先要做的是环保和外观检查，主要是检查车辆是否与合格证的信息相符。车主需向工作人员提供车辆合格证原件和车主身份证原件，检查合格后有环保单和外观单，之后到环保的窗口缴费。如果是免检车辆，交费后直接向环保窗口递交环保单、外观单、合格证原件，盖章后复印合格证原件，之后回去拓号，就是车身上的车架号，盖章后将手续再递回环保窗口，领取环保绿标；若为上线车辆，在缴费结束后进行拓号，然后验尾气，验尾气时需要递交环保单，尾气合格后回到环保窗口递交手续，领取环保绿标。至此，环保外观工作完成。这里要提醒车主的是，在拿到牌照之前新车不要做任何的装饰，尤其是地胶、贴膜和倒车雷达，安装之后再验车很难过关。同时还有一点，车内一定要有灭火器，这是必查项目。

2）上线验车。上线车辆会出现很普遍的制动不合格，所以验车员会狠开车再狠踩制动踏板的现象，这实际上是在路试。所以，自己在验车上线之前最好可以先跑一段时间，或者自己多在行驶中使用制动，这样在检测的时候通过的概率会高一些。如果制动不合格，简单的方法就是花钱让检测场的人给调试（价格根据检测厂有所不同）。还有就是自己可以在检测场的路试场地把车开起来，然后狠踩制动踏板或者拉驻车制动器手柄（手刹）。不要对此不以为意，如果三次上线不通过的话，车子就无法继续检测了。通常上线两次不过的话，检测场的人会建议去路试，也就是必须狠踩加速踏板和制动踏板了，此时千万别心疼。

上线车辆的灯光基本都需要调节，即将车放在调灯光的地方，打开发动机盖，打开近光灯，递交外观单，然后打开远光灯，调节结束。至此，上线工作结束，此时手里的手续由以下组成：合格证原件、盖完环保章的发票复印件、发票联、注册登记联、购置税缴纳证明及副本、交强险副本、拓完的车架号、环保绿标、车辆外观检测单、交强险标。

3）到总检，递交外观单，合格证原件，拓好的车架号，之后会得到信息袋（大白袋，纸制，白底红字），递交完的合格证原件将不再归还，直接进入交管局车辆信息中心。拿上信息袋后是给车辆照相，将纸袋交给照相的工作人员，然后进入大厅填写注册登记表，具体的填写方法在大厅内都有很详细的图样解释。然后等待信息袋的退回，需要用发票领取，然后带上所有手续，准备办理最后的事项。

4）车主要找到相应窗口，递交注册登记表、信息袋、注册登记联、合格证复印件、身份证复印件、身份证原件、交强险副本、购置税证明副本，检查合格后身份证会归还。然后领取条形码进行选号（十选一），选择结束会有另一张小纸。将两张纸递回窗口，缴纳 125 元新车牌照费，领取牌照和注册登记证（绿本），之后再到下一窗口领取行驶证。至此，验车工作结束。

5）清点手续，剩下的应该是一张发票联，一个新车的注册登记证，一个交强险和上压线的正本，保险发票，新车行驶证和号牌，环保绿标，年检标，交强险标，还有一张合格证复印件。这就是最后到手里的所有证件了。

第四章
基本操作

要想让自己驾驶 SUV 的技能更加扎实，驾驶的基本操作自然是必不可少的，其重要性是可想而知的。

16 遥控钥匙的使用

遥控钥匙的最大优点是不管白天黑夜，无需探明锁孔，可以远距离、方便地进行开锁（开门）和闭锁（锁门）。遥控的基本原理是从车主身边发出微弱的电波，由汽车天线接收该电波信号，经 ECU 识别信号代码，再由该系统的执行器执行开锁、闭锁的动作。

门锁遥控系统通常由 1 个便携式发射器和一个车内接收器组成，从发射器发出的可识别信号由接收器接收并解码，驱动门锁打开或锁止，其主要作用是方便驾驶人锁门或开门。驾驶人可以通过设置门锁遥控 ECU 的开锁密码实现对自己汽车的保护，并在出现非法打开车门时进行报警。当接收到正确的代码信号，控制波接收电路就被触发至接收时间加 0.5 秒，然后再恢复到待机状态。如输入的代码信号不符，将不能触发接收电路。一般在几分钟的时间内如果有多个代码信号输入不符，该锁就认为有人企图窃车，于是停止接收任何信号，包括接收正确的代码信号，遇到这种情况必须由车主用钥匙插入门锁孔才能开启车门。信号接收的恢复，通过钥匙点火起动以及把遥控门锁系统主开关关掉再打开即可，如果用遥控钥匙把车门开锁后几十秒内不开门，则车门将自动锁上。

造成遥控钥匙失灵的主要原因有：

1）电池没电或者电池接触不良。

2）遥控钥匙中时间控制模块失灵，也会导致遥控不起作用。

3）因为车上遥控发射器的天线老化等，也会造成这种情况。遇到这种情况，可以到维修站检查修复一下。

4）此外，有些车前风窗玻璃贴了防爆太阳膜后，当在车辆正前方遥控开门时，也会出现遥控门锁没反应的现象，这是因为这种防爆太阳膜在一定程度上屏蔽了遥控信号。

【编者提醒】

因为遥控钥匙使用低强度无线电波，在有磁场干扰的情况下可能无法正常工作。所以在使用过程中，遥控钥匙要避免与一些强磁场接触。此外，虽然多数遥控钥匙壳都比较结实，但遥控钥匙在使用时也尽量不要摔扔，这极有可能导致内部电池接触不良。

17 驾驶坐姿的调整

SUV 车型要比一般轿车的驾驶视野高，但在驾驶前同样要先进行驾驶坐姿的调整。

1）座椅调整。上下调整座椅，让头部离车顶部至少还有一个拳头的距离，座椅调得太高，车辆颠簸，时头部易触到车顶，影响行车。

2）前后调整。当脚向下踩住制动踏板至最深处时，腿部仍要有一定弯曲，这时的座椅前后位置比较合适。

3）腰部支撑调整。让座椅支撑住腰，向后靠时，不要让腰部悬空，这样就可以减少驾驶过程中的疲劳。当然有些座椅没有腰部支撑的功能，可以自己买个小垫子支在腰后。

4）头枕调整。头枕的最佳位置是头枕的中心线恰好与眼眉在一条线上。

5）安全带调整。安全带要放在肩胛骨位置，不要太靠近脖子。男士开车时，记住一定要把领带放在安全带的外面。

6）方向盘的使用。驾驶坐姿调整以背部紧靠座椅，当胳膊伸直搭在方向盘上时，手腕部恰好落在方向盘上，这就是方向盘的最佳距离了。驾驶坐姿调整后通过方向盘轮辐恰好可以看到仪表板的里程、车速、油耗等的显示，方向盘边缘不会阻碍视线，这就是最佳位置。

【编者提醒】

进行驾驶坐姿调整，良好的驾驶坐姿可以帮助大家更方便、舒适地开车操作，同时，驾驶前进行驾驶坐姿调整，也可以减缓开车疲劳的症状，确保行车的安全。

18 后视镜的调整

一辆车一般有三个后视镜，它们反映汽车后方、侧方和下方的情况，使驾驶人可以间接看清楚这些位置的情况，它起着第二只眼睛的作用，扩大了驾驶人的视野范围。因此正确调整后视镜的位置对安全驾驶非常重要。一般而言，可以通过四个步骤来正确调整后视镜位置。

1）调整中央后视镜。中央后视镜的左、右位置要调整到镜面的左侧边缘正好切至自己在镜中影像的右耳际，这表示在一般的驾驶情况下，从中央后视镜里是看不到自己的，而上、下位置则是把远处的地平线置于镜面中央即可。

最好是当后面有车时，可以让整辆车出现在中央后视镜里，当然不能全部顾及时，原则是就下不就上，最重要的是掌握地面状况。当然如果能将中央后视镜换上凸面镜最好，这种镜面的视线范围非常开阔，借助于这种凸面镜，可以对车辆后部情况掌握得一清二楚。还要提醒一点的是，不要在车辆后窗附近放置大件物品，以免影响中央后视镜的观后效果。

2）调整左侧后视镜。调整上、下位置时要把远处的地平线置于中央，左、右位置则调整至车身占据镜面范围的 1/4。

3）调整右侧后视镜。因为驾驶座位于左侧，因此驾驶人对车右侧情况的掌握不是那么容易，再加上有时路边停车的需要，右侧后视镜在调整上、下位置时地面面积应留得较大，约占镜面的 2/3。而至于左、右位置，则同样调整到车身占 1/4 镜面面积即可。

4）如何尽量消除视线死角。很多人以为，要消除视线死角，都尽量把左、右后视镜往外调或往下调。另外，有研究显示，或许是为了能随时维持整齐的仪容，或许是爱美心切，也有很多驾驶人把中央后视镜调整到把自己都能照进去。而这些都是错误的做法。

正常的驾驶人在仅转动眼球而不回头的情况下，约可以看到前方 200° 左右的范围，换句话说，还有约 160° 是看不见的。要靠三面小小的镜子就能涵盖这剩下的 160° ，实在太“强镜所难”了；事实上左、右后视镜再加中央后视镜，只能再提供额外约 60° 左右的可视范围，那么剩下的这 100° 该怎么办呢？很简单，在转弯和变化车道时一定要注意多回头看看！

【编者提醒】

在好多发达国家的汽车驾驶实际道路考试中，有一个重要的项目就是在转弯和变换车道时，驾驶人一定要回头观察来确定有无来车。而在国内很多人开车都是打开转向灯，左、右后视镜看一眼，如果在后视镜中没有发现有车就并线过去了，而一些刮蹭事故也往往就在这时产生。虽然现在有很多新车都配备了双曲率后视镜，但这不过是把左、右后视镜的视角范围稍作扩大，并不能完全涵盖所有的区域。所以，开车转弯和并线时一定要回头看！

19 电动车窗的操作

车窗是汽车一个重要组成部分，车窗玻璃的升降也是我们经常性的一个操作，这看似普普通通的一升一降，其实还是有点小讲究的，不注意的话，将会损害车窗控制系统，造成不必要的损失。以下是使用电动车窗的一些不良习惯和正确方法。

1）在升降玻璃的时候，一直按住开关，直到无法再动了才松手。这样做的后果是玻璃到位以后，电动机依然在运转，此时摩擦阻力增大，导致电动机发热和传动带磨损。正确方法是快速拨动开关一次，玻璃会自动升降，行程到位以后电动机自动停止运行，省时又省力。

2）快速拨动开关，想把玻璃开启到特定的位置，当玻璃到位时马上往回拨开关，结果电动机反转，玻璃又往回走，如此反复几次才到位；又或者用点动的方法让玻璃一点一点地移动到特定的位置，费时费力，而且频繁的起动对电动机也不好。正确方法是快速拨动开关，当玻璃到了特定位置时，往玻璃前进的方向再拨动一次开关，电动机停止运行，快捷方便。

3）停车熄火后发现车窗未关好，逐一按开关升起玻璃。这一点对车倒没什么影响，只是有点浪费时间。而一般的遥控车匙都带自动关窗功能，稍微长按锁车键后，所有车窗都会自动闭合。

以下是电动车窗操作的注意事项：

1) 操作电动车窗前，请确认所有乘客的手等都在车内。

2) 切勿让儿童或需要他人照顾的成人单独留在车内，他们可能会触动开关或控制器，而导致事故的发生。

3）当点火开关在 ON 位置时，电动车窗方可工作。

4）驾驶人开关为主开关，可以控制所有车窗。当主开关被按下时，其余车窗处的开关将不能控制各自的车窗。要取消其余车窗处的开关锁止，只要再次按下主开关即可。

20 车灯的控制

汽车的车灯如人的眼睛。不仅车灯造型会影响到整车造型漂亮与否，更重要的是车灯的使用还与安全行车有着直接的关系。有些驾驶人虽然会开车，但是对车灯如何使用却还存在一些不正确的地方。

夜间照明是车灯的首要功能。大多数车的车灯开关集中在方向盘边的手柄上，大众车系的车灯大多在驾驶人左前方的仪表板的下部。当刚驾驶一辆陌生的车前，一定要先弄清楚各个车灯的开关在哪儿。至少要知道近光灯、远光灯和雾灯如何打开。

警示功能是车灯的另一个基本功能。警示灯就像是交通警察的手势，是全球通用的无声语言。危险警告灯（俗称双闪灯）就是最重要的一个警示灯，一般危险警告灯的开关以红色三角形表示，

处于仪表板中间最显眼的位置。当汽车出现一些故障或者其他状况时就需要开启危险警告灯，以提醒其他车辆注意。

汽车外部的灯还包括示宽灯、制动灯、雾灯和转向灯等。开转向灯要提前，很多时候一些新驾驶人都是要转向了才想起来开转向灯，这样做的结果往往就是让后面开车的驾驶人不得不采取紧急措施，增加了发生事故的概率。

1）示宽灯。它的作用是在黑暗中能够显示出静止车辆的所在位置。但很多驾驶人会用示宽灯代替近光灯在黑暗中行车，这是很危险的，因为示宽灯无法照亮前方道路。

2）近光灯。它主要是照亮较近距离的前方道路。在夜晚及傍晚或凌晨天色较暗时开车，必须打开近光灯；在大雾、下雪或大雨天气等视线不佳时，即使在白天也必须打开近光灯；在一些路段虽然有照明设备，但亮度不够，这时也应该打开近光灯。

要注意的是，在傍晚判断是否应该打开近光灯时，可以看后视镜。如果从后视镜中看后车已经开始模糊，那么就意味着应该及时打开近光灯了。

3）远光灯。能够照亮较远距离的前方道路。在夜晚行车时，如果对面没有车辆行驶的情况下或者在有隔离带的道路上行驶，可以使用远光灯。需要注意的是，在没有隔离带的道路上会车时，应该在相距 150 米左右时减速，并将远光灯变为近光灯。

如果离前面同方向的车距离较近，或在过铁路交叉道口和回到交通繁忙的街道上的时候，也应将远光灯切换成近光灯。否则会严重干扰对方视线，甚至造成交通事故。

如果对面车辆在会车时不改近光，则应减速并使用变换远、近光的办法来示意，如果对方还是没有换灯，则只需直视自己前方车道行驶即可。

4）雾灯。雾灯位置一般很低，往下散射穿透性强，遇到雾、雨、雪天气视线不清时，就必须打开前雾灯，白天也不能例外。

有的驾驶人在大雾天气只使用远光灯，这是很危险的。因为远光灯的设计是大面积照射，容易在雾里造成散射，在驾驶人眼前造成散射光团，一片雪白，看不清前方。相反，有的驾驶人认为夜晚视线不好，会将雾灯和前照灯一并打开，这样也是不正确的。

5）转向灯。这是一种重要也是最常用的信号灯，它在车辆转向变道时开启，断续闪亮，以提示前后左右的车辆和行人注意。转向灯的开启时间要掌握好，应在距离转弯路口或需变换车道前 30~100 米左右时打开。

要注意车辆完全转向之前已经轻微转向车轮导致转向灯自动关闭，或者并道过后忘记关闭转向灯，这种情况都会影响其他车辆正常行驶，因此要随时观察仪表板，确保转向灯是否关闭或打开。此外，车主还应经常检查车辆灯泡，保证其正常使用。

【编者提醒】

以下是一些夜间行车的车灯语言：

1）当车灯光投射距离由远变近时，表示汽车驶近或驶入上坡道。

2）当车灯光投射距离由近变远时，表示汽车已在下坡道或由陡坡进入缓坡。

3）当车灯光离开路面时，表示前面出现急弯或车辆已驶至坡顶。

4）当车灯光由路中移向路侧时，表示前方出现一般性弯道。

5）当车灯光从道路的一侧移到另一侧时，表示前方为连续转弯道。

6）当对向车射出光线较短时，表明来车将接近坡道；当对向车射出的光线与路基脱离时，表示来车已接近坡顶。

7）当前车尾灯灯光忽亮忽暗时，表明前车在远处；当前车尾灯灯光较为明亮时，表明前车在近处。

8）当前车尾灯左右间距较大时，表明前车为大型车；当前车尾灯左右间距较小时，表明前车为小型车。

21 喇叭的使用

在交通法规里，对于汽车喇叭的使用，做了这样的规定：

1）机动车驶近急弯、坡道顶端等影响安全视距的路段以及超车或者遇有紧急情况时，应当减速慢行，并鸣喇叭示意。

2）机动车遇有前方车辆停车排队等候或者行驶缓慢时，应当停车等候或者依次行驶，不得进入非机动车道、人行道行驶，不得鸣喇叭催促车辆及行人。

也就是说，汽车喇叭的作用，是特殊路段的提前示警，是某些紧急状况下的警示。如果把按喇叭当成一种驾驶习惯，就不太合适了。

驾驶过程中，如果有车不管不顾强行并线，很有可能是对方没看见你，此时鸣一声喇叭，能起到警示的作用。如果有骑车人或行人低着头前行，眼看着越来越近了，此时鸣一声喇叭，能防止事故的发生。在各种驾驶视线受阻的路段，按按喇叭能起到保障安全的作用。

但是喇叭的作用非常有限。该减速时就应该减速，该制动时就应该制动，这比按喇叭管用。因为，汽车以 60 公里 / 小时的速度行驶时，每秒行驶近 17 米，即使是先用半秒钟按喇叭，再踩制动踏板，汽车也会多向前行驶 8 米多。而成功制动与不幸相撞，也许就在这 8 米的距离。

【编者提醒】

虽然城市内许多路口路段和大多数小区内明令禁止机动车鸣喇叭，但是仍然有一些驾驶人习惯和频繁使用汽车喇叭，而且不分时间地点，这虽然不会直接造成什么严重的后果，但是有时会十分令人反感。例如：

1）通过路口时，前车起步稍慢，后车便喇叭声大作。前车驾驶人如果是新手，就会越催越慌，越慌越不会起步，结果反而适得其反。如果前车驾驶人不是新手，最多用前照灯稍晃或短促地鸣喇叭提醒对方一下也就是了，没必要把喇叭按得响起来没完没了，这样只会招来前车驾驶人的反感。

2）环线车流行进中，发现前车行进速度低于自己的行车速度，便狂按喇叭不止。

3）还有就是在居民小区内长时间按喇叭找人，尤其是在中午或者深夜，喇叭声在寂静的小区内非常刺耳，非常招人讨厌。这样做不仅影响别人休息，而且十分不道德。

22 刮水器的使用

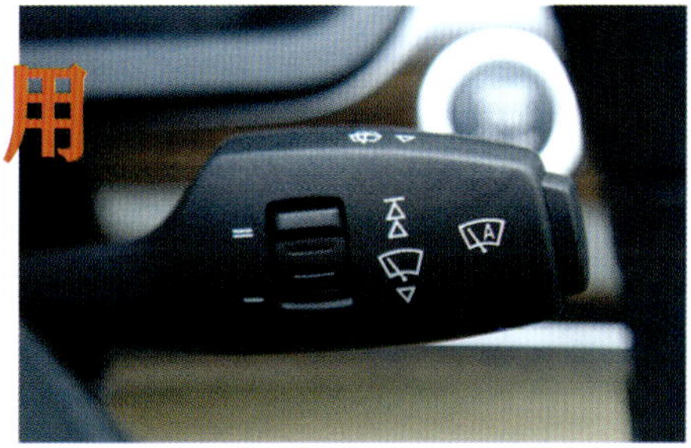

当点火开关处于 ON 或 ACC 位置时，拨动刮水器开关，即可使刮水器处于间歇、低速或高速刮水工作。使用刮水器时应注意以下事项：

1）冬天使用刮水器之前，先检查刮水器有无冻住，以防止电动机烧坏。

2）刮水器运转时，如由于冰雪或其他原因停住，即使关掉刮水器开关也可能烧坏刮水器电动机，这时应即刻停止汽车行驶，关掉点火开关，擦净风窗玻璃，以使刮水器能正常运转。

3）风窗玻璃处于干燥状态时，不能使用刮水器，否则会擦伤玻璃，亦会过早损坏刮水器。

此外，当刮水器刮不干净时，大多数人的第一反应就是刮水器质量不好，而不是使用问题。其实刮水器在使用过程中，在无雨的状态下一般很少使用，所以时间久了，就会在刮水器片上面积有许多灰尘。所以在这个时候可以找个湿毛巾擦拭一下的刮水器片上面的灰尘，这样也就可以找到刮水器为什么刮不干净的原因了。

【编者提醒】

在喷洒风窗玻璃清洗液时，应该朝箭头指示方向抬起开关，清洗液便会喷洒在风窗玻璃上，但应避免连续使用洗涤器 20 秒以上。当玻璃清洗液储液容器空时，不能使用洗涤器。

23 巡航控制系统的操作

汽车巡航控制系统英文为 Cruise Control System，缩写为 CCS。根据其特点，巡航控制系统一般又称为巡航行驶装置、速度控制系统、自动驾驶系统、恒速行驶系统或巡航控制系统。在发动机功率允许的范围内，当车速高于一定车速时（例如 30 公里 / 小时），借助 CCS 可使车辆按设定的车速恒速行驶，以解放踩加速踏板的脚，减轻驾驶人的疲劳强度，提高行驶舒适性。

定速巡航系统正确操作的详解（不同车型的操作方法大同小异）：

（1）定速巡航的启用

1）按下方向盘右侧的定速巡航按钮（CRUISE），看到仪表板上定速巡航指示灯（CRUISE）亮起。

2）踩加速踏板将车速提高到所希望的巡航速度，比如 120 公里 / 小时。

3）点按设定 / 减速（SET/–）按钮。仪表板上定速巡航控制指示灯（CRUISE CONTROL）亮起，表示巡航系统已启动。

注意上下坡时定速巡航不能维持设定的速度。下坡车速加快时需控制车速，踩制动踏板将取消巡航。要恢复原设定的速度，按下复原/加速按钮（RES/+）即可。仪表板上的定速巡航指示灯会再次亮起。

（2）改变设定的车速

可以有三种方法增加巡航速度：

1）按住复原/加速按钮（RES/+）。达到希望的巡航速度后松开按钮。

2）踩加速踏板加速到希望的巡航速度后点下设定/减速按钮（SET/–）。

3）要稍微加快一点速度，可轻按复原/加速按钮。

4）临时超车可踩加速踏板加速，当完成超车后松开加速踏板，将自动恢复到原来设定的巡航速度。

同理，也可用三种方法降低巡航速度（注意遇到前方情况需减速时应当使用制动踏板减速，不可使用巡航键来操作，以免发生危险）：

1）按住设定/减速按钮，当达到希望的速度时松开按钮。

2）若要稍微减速，点击设定/减速按钮。

3）踩下制动踏板或踩下离合器踏板，会自动取消巡航控制，仪表板上巡航控制指示灯（CRUISE CONTROL）熄灭。当减速到希望的速度时，按设定/减速按钮可恢复巡航。

（3）取消定速巡航控制

1）踩下制动踏板或离合器踏板。

2）按下方向盘上的取消键（CANCEL）。

3）按下方向盘上定速巡航按钮（CRUISE），这将彻底退出巡航系统.

【编者提醒】

1）在车辆密集的道路上或劣质路面上（例如滑溜路面、松散的砂石路面或暴雨后的路面）行驶时，切勿使用巡航控制系统。

2）系统启动后，切勿不踩离合器踏板，即将变速杆移入空档，否则，可能使发动机超速运转，导致损坏。

3）如果与当时的交通状况相比，设定的巡航车速过高，则切不可恢复设定车速。

4）行驶中，在下坡时巡航装置不能保持速度的恒定，因为重力会使车速不断增加，这时需要人为制动。

24 驻车制动器的使用

驻车制动器俗称手刹，在车辆停稳后用于稳定车辆，避免车辆在斜坡路面停车时由于溜车造成事故。常见的驻车制动器手柄一般置于驾驶人右手下垂位置，以便于使用。目前市场上的部分自动档车型均在驾驶人左脚外侧设计了脚驻车制动器踏板，个别先进车型亦加装了电子驻车制动系统。

进行驻车制动时，向上全部拉出驻车制动器手柄（或向下踩住驻车制动器踏板）。如果准备松开驻车制动，则在驻车制动器手柄上稍微拉动，用拇指按下手柄端上的按钮，然后将驻车制动器手柄放低到原始的位置。对装备有自动变速器的汽车而言，一定要先施加驻车制动，再将变速杆移动到 P 位。在倾斜地面停车时，如果先换档到 P 位，然后才进行驻车制动，车身的重量将使您在准备开动汽车时难于从 P 位换出来。

【编者提醒】

在准备开动汽车时，应在松开驻车制动器手柄之前先将变速杆从 P 位换出来。不得在开动汽车时拉紧驻车制动器手柄，否则会因制动器过热，使制动作用下降，制动器寿命缩短或产生永久性制动器损坏。如果驻车制动器不能稳定地制动汽车，或不能完全松开，则应立即要求经销商或服务站进行检查。离开汽车之前，通常均应全部拉上驻车制动器手柄，否则汽车会移动，引起伤害或损坏。即使变速器是挂着档或在“驻车”位置，同样必须拉紧驻车制动器手柄。

第五章 一般驾驶

一些常用和一般性的驾驶动作是行车安全的基本保障，特别是对初学驾驶技术的人来说，养成良好的驾驶习惯，可终生受益。

25 起步技巧

起步是车辆行驶中的第一步操作，手动档车型起步的基本步骤一般为：

1）起动发动机。若有仪表工作不正常，应立即将发动机熄火，检查并排除故障后再重新起动发动机。

2）踩下离合器踏板，将变速杆挂入1档位置。

3）开左（右）转向灯，同时观察车辆前方、左侧、右侧及三个后视镜，看有无妨碍起步的情况，特别要注意安全。

4）放松驻车制动器手柄，握稳方向盘。

5）抬起离合器踏板（这是起步是否平稳的关键）。

起步的要领是先快松离合器踏板到

发动机声音变低时（此时压盘与从动盘开始摩擦），松抬离合器踏板的速度放慢，待车身稍微抖动时（离合器处于半联动也就是所谓的顿点），稍停顿离合器踏板，同时踩一点加速踏板，然后再慢抬离合器踏板。同时右脚继续慢慢踩加速踏板，当左脚感觉轻松时再较快地完全松开离合器踏板，实现平稳起步。

如果是自动档车型，在起动发动机时，必须将变速杆置于P位或N位，并拉紧驻车制动器手柄或踩下制动踏板。在起步时应先踩下制动踏板，挂档后，松开驻车制动器手柄，然后平稳地抬起制动踏板，待汽车缓慢起步后再逐渐踩下加速踏板。

以下是驾驶车辆起步的几点禁忌：

1）忌起步不稳。在正常的起步中，要求起步平稳、安全，要有正确的驾驶姿势，目视前方和道路两侧。起步时要无前冲、抖动、熄火和间歇拱动现象。

2）忌起步选择档位不合适。汽车选用档位要根据汽车所处的条件、道路和坡度等具体情况。

① 一般在平坦、坚实的道路或场地上，应选用1档或2档起步。

② 如果处于冰雪、泥泞、松土地段或上坡路时，必须使用1档起步。

3）忌起步时离合器踏板、加速踏板和制动踏板配合不当。一定要通过多练习才能达到熟练操作。

4）忌起步后仍将左脚放在离合器踏板上或起步时忘了将驻车制动器手柄松开。这是新驾驶人往往容易犯的毛病。

5）忌没看清周围的情况就起步。一定要确保车辆四周没有人员和其他障碍，前后左右方没有来车。

26 倒车技巧

倒车时由于受视线的限制，看不清车后的道路情况，又由于转向的特殊性，控制转向的位置又起了变化，所以倒车操作要比前行操作困难一些，没有前行时的转向方便、灵活、准确。

倒车时的车速一定要慢，慢速可以给自己留更多的观察和打方向盘的余地。对新手来说，做完一次动作，都要下车前后左右观察一下，找到下一次改进的感觉，如此反复练习，肯定能收到事半功倍的效果。倒车时别忘了打转向灯示意。

1）倒车的驾驶姿势。根据汽车的轮廓和装载的宽度、高度及交通环境道路状况，在倒车时，应首先观察车下、车后的情况。

2）倒车操作方法。倒车时，应先打开转向信号灯、鸣喇叭（非禁止鸣喇叭地段），观察周围情况，选定进退的目标；无把握或必要时应下车察看，并注意前后有无来车。选好后倒目标后，在车辆停止情况下，换入倒挡。

① 直线倒车。应保持前轮的正向倒退，方向盘的运用与前进一样。如倒车时车尾向左（或右）偏，应立即将方向盘向右（或左）转动，待车尾摆直后即可将方向盘回正。

② 转向倒车。即变换方向的倒车。应掌握“慢行车，快转向”的操作方法。倒车要注意车后情况。倒车转弯时，前面外侧车轮的半径圆弧大于后轮半径圆弧。因此，要十分注意车前外侧的车轮，

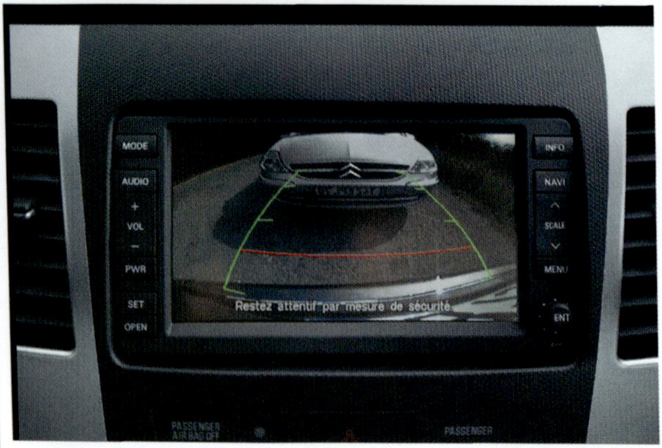

【编者提醒】

倒车时只要看左右后视镜和中央后视镜是远远不够的，因为车身周围还有好多地方是通过后视镜看不到的，所以要养成倒车回头看的好习惯，而将看左右后视镜和中央后视镜作为辅助手段。

此外，无论车上的倒车雷达多么强大，也不能完全依赖它，要真正把习惯和技术练好，这样，无论遇到什么特殊情况，都能轻松应对。

避免与障碍物发生刮碰。同时要照顾全车的动向。倒车速度应控制在 5 公里 / 小时以内。在倒车中，如因地形或方向盘的转向角所限制，须反复前进或后倒时，应在每次后倒或前进接近停车前的一瞬间，迅速利用车辆的移动回转方向盘，为再次前进或后倒作好转向的准备，不应在车辆停止后强力转动方向盘。

27 掉头技巧

所谓汽车掉头，是指汽车方向作 180° 改变。怎样才能使汽车做到安全掉头呢？下面从汽车掉头地点的选择和掉头的基本操作方法两个方面加以介绍：

1）地点的选择。汽车掉头，必须严格遵守道路交通管理条例的规定："机动车在铁路道口、人行横道、弯路、窄路、桥梁、陡坡、斜道或容易发生危险的路段，不得掉头。"因此，必须选择交通量小的交叉路口、平坦、宽阔、路肩坚实的安全地段。根据路面宽度和交通情况，汽车掉头可分为一次顺车掉头或顺车与倒车相结合掉头。如无上述条件也可选择利用路旁的空地进行掉头。

2）掉头的基本操作。

① 一次顺车掉头。在较宽阔的道路上，应尽量地应用大迂回一次顺车掉头。此法迅速、方便、经济、安

全。如在有交通指挥人员的地方，应事先发出掉头信号，得到指挥人员的许可并示意后，换入低速档，降低车速行驶掉头。

② 顺车与倒车相结合的掉头。如道路狭窄不能一次顺车掉头，可运用前进与后退相结合的掉头方法进行。

掉头时，首先要选择合适的地段，发出向左转弯的信号，将车缓慢地驶向道路的一侧，方向盘向左转足，当前轮快要接近路边或车辆前沿接近障碍物时踩下离合器踏板，轻踩制动踏板，并在车辆还未完全停止时将方向盘迅速向右转足，将前轮转至后退所需的新方向，立即将车停稳。后退时，应首先观察清楚车后情况，然后慢慢起步，并向右转足方向盘，待车倒退至后轮将接近路边或汽车后沿接近障碍物时，立即踩下离合器踏板，轻踩制动踏板停车，并利用停车前这一时机，迅速向左回转方向盘。使前轮转至前进所需的新方向。此时如果仍然转不过来时，可再次后退与前进，反复几次至掉头完成即可。

【编者提醒】

掉头时，如遇特殊情况（路面倾斜或狭窄），无论前进、后退、停车时，除使用制动踏板，还须使用驻车制动器，待车停稳后，再挂档前进或后退。在操作时，应一手握稳方向盘，一手握紧驻车制动器手柄，一脚缓慢地放松离合器踏板，同时，一脚踩下加速踏板适当加速，当离合器大部分已接合时，放松驻车制动器手柄，使汽车徐徐而平稳地前进或后退。

在掉头的过程中，向前要进足，后退要留余地，由于各车轮接近路边的距离各不相等，在判断车位时，应以先接近路边的车轮为准，路旁如有障碍物限制，前进时，应以保险杠为准，后退时，可以以后保险杠为准，切勿与障碍物触碰。

在较危险的地段掉头时，车尾应朝向安全一侧，车头朝险方。宁可多进行几次进、退，以保证安全掉头。

28 跟车技巧

在日常的驾驶过程中，很多情况下都是跟着前面的车前行。因此，与其说开车还不如说是跟车，学好跟车技巧对于安全驾驶和省油都是非常重要的。

1）市区拥堵路面跟车。在市区开车，特别是在上下班时间遇到拥堵是很正常的。此时的车与车之间距离非常小，往往不足 3 米，车速在 20~30 公里 / 小时之间，甚至低于 20 公里 / 小时。这时候跟车跟近了容易追尾，跟远了会招致后车的反感。此时跟车要非常缓慢地踩加速踏板，保持车速平稳，手动档车型尽量采用 2 档或 3 档，并随时准备制动，但右脚不要长时间或频繁放在制动踏板上。另外，也不要时常踩离合器踏板，这样很容易导致离合器非正常磨损。

跟车的距离保持在 3~5 米即可，走不动停下来时最近距离的确认方法是从前风窗处看到前车保险杠的下缘即可。为了防止由于突然制动导致的连环追尾事故，跟车的时候不要只看前车，要用眼睛余光越过前车观察前车的前车，观看制动灯的点亮情况，如果前车的前车的制动灯点亮，那么就要把右脚从加速踏板移向制动踏板，这么做既能保证及时制动，又能警示后车。为了更好地观察更前面的车，最好选择车膜颜色比较浅或者没贴膜的车。而不要跟在车身很高的车后面，比如大客车、中巴、大货车等。

另外跟车时一定要观察一下前车制动灯是否良好，如果前车制动灯不正常，那最好换条车道，或者找机会超车。当驶过拥堵路段后就可以加速离开了。

由于拥堵路况跟车距离很近，所以要集中精力开车，不要接打电话或者与乘车者过多交谈。

2）市区正常路况跟车。在正常的畅通路况下，车速可达 40~80 公里 / 小时，这时候跟车就比较容易了。通常情况下，跟车的距离与车速一致，也就是说当车速为 40 公里 / 小时的时候，跟车的距离为 40 米。实际上跟车的距离并不需要完全这样做，一般情况下跟车的距离为 30 米左右即可。

在这种跟车情况下同样需要开阔的视野，也就是说跟车的时候不要仅盯住前车，还要越过前车观察更前面的车，这一点非常重要，因为正常路况行驶时一旦出现突发情况，发生连环追尾的概率要比拥堵路况跟车高得多。好多连环追尾就是因为驾驶人开车注意力不集中或视野不够开阔造成的。

正常路况跟车情况与是否省油有很大的关系，跟车的时候最好保持匀速，不要猛踩加速踏板或由于车速不当与前车距离太近而制动。在跟车的时候要时刻关注前车的速度，尽量保持与前车速度一致，以便保证跟车距离。

3）坡路跟车。坡路的情况跟平坦路面有很大不同，原因很简单，因为车辆在坡路上有下溜的趋势。为了防止溜车，必须加大跟车的距离，不论是上坡还是下坡。至于跟车的技巧，要根据实际路况，参照前面介绍的两种跟车方法。

4）高速公路跟车。高速公路跟车最

重要的是速度、距离和视野。虽然大部分高速公路限速120公里/小时，但很多轿车和SUV的速度都会超过限速，同时还有很多速度不足80公里/小时的大货车在缓慢前行，可以说路况相对复杂。因此，在高速公路上跟车的时候首先要保持跟车距离最短为100米的距离，车速控制在120公里/小时以下。

高速公路跟车还有一个要注意的事项，那就是很可能会遇到由于修路而变换车道的情况。当遇到这种情况时，一旦发现限速标志，不管前车是否减速，你也要缓慢减速，直到顺利通过变换的车道后再加速前行。

高速公路跟车的时候由于经常保持匀速行驶，驾驶人的思想很容易麻痹，这也是很多高速公路车祸发生的重要原因，一旦出现思想麻痹，驾驶人的反应能力和视野会受到影响，当前车紧急制动的时候自己反应不过来，很多高速公路连环追尾都是这么发生的。因此在高速公路行车的时候要适当调整情绪，保持注意力集中，可以听听音乐，或者与同行者聊聊天，以便调整精神注意力。

【编者提醒】

跟车技术是每个驾驶人都必须掌握的，这样才能保证安全行车。总的来说，跟车注意三要素：速度、距离、视野，也就是平稳合适的速度、安全的距离和开阔的视野。这些说得简单，但要真正能结合好还需要长期练习。在不熟练的情况下，尽量选择速度比较慢的外侧车道，同时增大跟车的距离，练感觉，练眼神，并逐渐提高车速换到速度快一些的车道，用不了多久就能应对自如了。

此外，还有两大类的车最好不要跟：

1）不能跟行遮挡视线的车，比如大货车、公共汽车、大客车和车膜很深的车。

2）不能跟行驶不平稳的车，比如新手开的车、出租车、犹豫的外地车和改装车。

这些车行驶速度忽快忽慢，或急停或急加速，这样对跟车造成很大不便，容易发生交通事故。

29 会车注意

会车是每位驾驶人在行车过程中必然经历的事情。驾驶人在会车时必须遵守交通法规，在会车前弄清来车及路面等交通情况，选择适当会车地点，靠右通过，做到安全会车。

1）在没有隔离带的双车道上会车，可先减速，然后靠右，控制车速，稳住方向盘，同时照顾道路两旁的情况，以保证会车时有足够的横向间距。

2）在路面狭窄或道路两旁有障碍物的情况下会车，应根据对面来车的速度、路面等选定交会点，正确控制自己的车辆。如离交会点较远，也可加速行驶，反之则应减速等候。

3）对面有来车，本车右前方向有同向行驶的非机动车辆或障碍物时，应根据具体情况决定是加速超越还是减速等候。避免在障碍物处会车和超越非机动车辆时会车。

4）行至窄桥处，应正确估计双方距桥的远近和车速。车速慢、距桥远的车辆应主动减速让车，让距桥近、车速快的车辆先通过，切不可盲目抢行，以防发生碰擦。

5）在视线不清的情况下会车，更应提高警惕性，降低车速；夜间行车，注意及时变光，并加大两车间距，必要时可停车避让。

【编者提醒】

不管在什么情况下会车，都应在交会时减速，谨慎为先。

1）会车时，要特别注意道路上的行人和非机动车情况，看清预计会车地点的行人动态，当行人被来车挡住时，应鸣喇叭示意。

2）车辆在没有设置中心分隔护栏的道路行驶，与前方来车交会时，应适当降低车速，并选择比较空阔、坚实的路段，靠路右侧缓行交会通过（在视线不良的情况下会车时，要降低车速，开近光灯，即使是在路面较宽的双车道，也应该慢车交会）。

3）夜间会车时，要按规定把远光灯改为近光灯，交会时要减速，防止碰撞前方右侧的行人和骑车人。

30 并线注意

并线是车辆在行驶过程中最经常的动作，而并线动作的不规范，是最容易引发交通事故的，两车刮蹭大多是在并线时发生的。在并线前，一定要先打转向灯，告诉其他车辆你的行驶意图。然后细看后视镜，再次了解其他车道的车辆情况。接下来，并线时最重要的是要回头观察，当左侧车道或者右侧车道的车行驶接近你的后车门位置时，无论从车内的后视镜还是车外的后视镜，都无法发现两侧车道的车辆。最后确认没有车辆后，打方向盘，小角度斜线并入你所要进入的车道。

1）并线时也可采用减速。一般情况下，很多人认为在超车情况下才并线。其实不但可以加速并线，同样也可为了并线而减速。并线一种情况是为了超车，还有一种情况是为了出高速路或是车辆要转弯，如果不在外车道，遇到这些情况都需要及早预见，及早从里车道减慢车速转到外车道来。

2）并线前告知其他车辆。不少新手开车时遇到要并线的情况，总是说并就并，很少顾及到其他车道的车辆，这是新手上路时需要着意克服的一点。凡是并线，都要提前打转向灯告诉后方车辆你需要并线。在夜晚时，可以通过改变远近光的方法来通知别的车辆。在并线后，一定要及时回正转向灯，以免误导后方车辆。

3）并线时的忍让原则。并线的前提是不影响目的车道内的行驶车辆，在打转向灯示意并线后，如果后车按喇叭或闪动灯光，那就意味着后车认为自己车速比你快，不同意你并线，此时车主需要等待后方车辆通过后再并线。另外从辅路汇入主路的车辆要让原先主路车辆先行通过，进入环岛内的车辆要让岛内车辆先行。此外，车辆在弯道内行驶时，要宁让三分不抢一秒，尽量减少在弯道内并线的次数。雨雪天路面打滑，并线时更要慎重，不必要时不要并线。

4）连续并线属违章行为。如果看到车道上车辆稀少就随便练习自己的并线技能那就大错特错了，新的交通法已明确规定不得连续并线。不少车主尤其是新手急于驶出高速路出口，没有提早做准备，看到了出口标志，才急着从行车道驶到出口车道，手忙脚乱连续并线，这样容易引发交通混乱，导致事故发生。在车流量大的道路上，尤其需要提前准备从快行线驶入慢行线，为下高速做好准备。实在来不及，宁愿错过出口也不要不顾其他车辆行驶情况，匆忙连续并线。

【编者提醒】

并线之前必须回头看并线方向盲区。当确认盲区没有车的时候，才可以并线。千万不可在并线的时候用余光观察左右的车辆，因为盲区的车辆用余光是无法发现的。如果没有注意到盲区，一旦盲区有车辆，而你已经开始并线，对方和你都会始料不及，并因来不及采取措施而发生事故。

31 制动

对于制动，我们都非常熟悉，但对于在不同情况如何选择制动方式却很少人能说得清楚。

1）预见性制动。在驾驶汽车过程中，当出现行人、车辆、地形和交通情况的变化时，估计难以通过时可能发生危险，需要提前有目的地采取减速式停车，这就是预见性制动。

为了使预见性制动停车准确、恰当、有效、平缓，其制动力度的运用至关重要，踩制动踏板的力度应该是“轻一重一轻”的过程。

① 起初应该轻轻踩下制动踏板。

② 然后根据车辆的速度、减速程度和距停车点的距离，适当加重踩制动踏板的力度，加重的力度要按照“重在前、轻在后”的要领进行，如果减速过急，汽车在到达目标前就要停车时，就应该松一点制动踏板，减小制动力，使汽车具有一定的惯性行驶到停车目标。如果减速后车速仍然较快，就应该再加一点制动力，否则就会越过停车目标，或者在最后阶段只得采取紧急制动的方法，从而影响汽车行驶的平稳性。

③ 当汽车接近目标，待车轮将要停止滚动的一刹那间，迅速略放松制动踏板，使汽车轻松、自然地停住，否则就

会因制动过急而使汽车“点头”。

2）下坡道路制动。在下坡道路行驶时，挂上与车速相符的较低档位，利用发动机的牵阻作用减慢车速。这样可以减小制动器的负担和减少制动次数，防止制动过热引起制动力热衰减。只有在发动机声音难听和档位控制不住车速时，才辅之以制动措施。

3）特殊道路制动。以泥泞、雨雪道路为例，在这类道路上要减速或停车时，应尽量使用预见性制动，并尽可能地运用发动机的牵阻作用制动，灵活运用驻车制动器制动，尽力避免踩制动踏板，绝不能使用紧急制动，以免发生事故。踩制动踏板时，要间歇地踩，不可一脚踩死。由于泥泞、雨雪路面的制动距离比一般干燥路面大得多，在踩制动踏板时，应根据车速和路面地形制动，做到慢踩慢放。

在制动过程中，一旦引起整车滑移，要迅速放松制动踏板，稳住方向盘，当发生甩尾时，将方向盘朝甩滑方向酌情打些，使车辆回到直线行驶位置，切不可加速猛打方向盘。

4）紧急制动。行车中遇到突然发生的危险情况，为使汽车迅速停住而不得不采取紧急制动措施。遇到这类情况后，应该迅速松开加速踏板并立即用力踩下制动踏板，同时拉上驻车制动器手柄，使汽车迅速停住。

采取紧急制动措施不仅容易使轮胎和底盘机件损坏严重，而且极易产生甩尾现象，不利于行车安全。因此，不在万不得已的情况下不可使用。

32 停车

如果我们选择开车的生活，就必须学会如何停车。尤其是SUV车型的体积比较大，这就更增加了停车的难度。也许刚开始的时候总会有入位不正的情况，但切不可就斜着车往那一摆，这是放任自流的做法，如此这般，你永远不会掌握停车的技巧。其实，停车和开车一样，就是一个经验活儿，只要不停地练习就必然能够做到停车自如。

1）侧方停车。当车位与行驶方向平行时，就需要将车向前开一点，让自己的车尾与前车尾对齐，两车相距1米后停车，然后原地往右打足方向盘，然后以45°缓慢倒车，将本车车头与前车车尾成一直线时，迅速将方向盘向反方向打足，车就基本能停好了。

2）垂直停车。当车位与行驶方向垂直时，把车向前开一点，让自己的车尾与右车右侧的车头成一直线，两车相距最好有1.5米，原地向右打足方向盘后慢退，然后感觉自己的车身已经与左右邻车平行了，就赶紧回正方向盘，让车平行后退，直接进入车位。

以上是最基本的方法，而在实际操作过程中，停车移库则是又一相当实用的停车技巧。关于停车移库秘笈如下：

1）要慢。无论多熟练的驾驶人开车也会慢慢地将车倒进车库，你不知道后面会发生什么，而较慢的车速会给你赢得更多的安全时间。

2）要看。正常人在从镜子里看反射物时都会多多少少产生些误差，所以为了能更好地看清车后部状况，一定要养成回头看路的好习惯。

3）找记号。这里说的记号可不是让你跟在驾校考试似的，在车上用红漆画个道，再在车库上系根绳，而是要刻意地用眼睛去找你车头或车尾部的所谓记号点，然后用这个点再去瞄车库的近端，这样就可以进去了。

4）倒库更容易。倒库是最容易将车开进狭小车位的方法，因为一般车头都会比车位长，这样正着进库就需要更大的行进距离才能入位，对于较宽大的车位还好说，要是前后车留的量都很小可就费劲了。而且一旦车辆仍需调整停靠位置，不停地上下移动车辆也会消耗较大体力，所以最佳的入位方法是倒库。

【编者提醒】

新驾驶人平时停车最好选择有人看守的停车场，一来安全，二是万一实在揉不进库还可以找帮手。而夜间最好不要将车停到地下车库，因为地库的人较少，不利于人身安全。

33 安全通过S弯

要想在不产生太大离心力的情况下快速通过弯道，就必须充分利用道路的宽度，尽量以趋于直线的大弧度来转弯，在进入转弯前要靠着弯道的外侧行驶，到中间的时候就要靠着弯道的内侧行驶，也就是说在弯道弧顶的地方应该紧靠着弯道的内侧行驶，在过了弯道弧顶之后，再切回弯道的外侧，靠着弯道的外侧驶出弯道，即过弯时要选择“外—内—外”的转弯路线。

1）掌握“慢进快出”的过弯原则。

在接近弯道仍保持直线行驶时，应该先踩制动踏板让车辆减速，如果弯道比较急，则应该进一步降低车速，同时还需先降一档。当以低速进入弯道之后，先选择转弯路线和修正方向，然后踩加速踏板，此时因为车辆加速会使重心后移而让车头稍微浮起，方向盘变得较轻，后轮也会出现少许的横向侧滑，车辆就可以简单转弯。当看到弯道的终点时，将方向盘回正，在确认路况安全后，继续踩下加速踏板快速出弯就可以了。

2）通过盲区弯道的方法。

盲区弯道是指看不到出口的弯道。在盲区弯道上行驶时，由于看不到弯道尽头的交通情况，首先必须降低车速，

而且不能按着普通弯道的方式驾车行驶。为了避免和对向车辆发生事故，必须靠着道路边上行驶，在通过左弯道时，汽车应该沿着弯道的外侧行驶，在通过右弯道时，汽车应该沿着弯道的内侧行驶。一旦看到弯道的出口就可以变换车道，修正方向，按着先外侧后内侧再外侧的方法，踩下加速踏板加速驶离弯道。

3）通过复合弯道的方法。

复合弯道是由 2 个以上弯道组成的弯道。在通过复合弯道时，重点是保证最后一个弯道，以便在最后的弯道出口处快速地驶离弯道。首先降低车速，驶入第一个弯道的进口，在每个弯道上，都按着先外侧后内侧再外侧的方法行驶，其间可以稍微踩点加速踏板，在通过最后一个弯道时，一旦看到弯道的出口就可以修正方向，充分地加速，直线驶离弯道。

4）通过上坡弯道的方法。

在通过上坡弯道时，进弯前应该松开加速踏板，让车辆靠着弯道外侧进入弯道，然后将档位降低一档或二档，接着选择路线和修正方向，同时轻踩加速踏板。在过了弯道弧顶之后，再切回弯道的外侧，同时深踩加速踏板，最后靠着弯道的外侧快速地驶出弯道。在此过程中也应该选择先外侧后内侧再外侧的转弯路线。

5）通过下坡弯道的方法。

在通过下坡弯道时，进弯前应该松开加速踏板，踩制动踏板，让车辆大幅度地减速，并且将档位降低一档或二档，然后以较慢的车速靠着弯道的外侧进入弯道，接着松开制动踏板后选择路线和修正方向；在过了弯道弧顶之后，再切回弯道的外侧，同时轻踩加速踏板，最后靠着弯道的外侧快速地驶出弯道。在此过程中也应该选择先外侧后内侧再外侧的转弯路线。

34

观察盲区

盲区就是指驾驶人视线受到限制的区域，但往往在这些区域有障碍物、行人、车辆存在，根据车型的不同，盲区的位置、大小也略有不同。由于盲区的存在，极易造成驾驶人的判断和操作失误，并由此导致交通事故的发生，所以盲区被视为驾驶人获取路面信息的最大障碍。以下就是一些常见的盲区。

（1）车外“移动”的视线盲区

1）城市里的车辆保有量日益增多，为了缓解交通压力，各种各样的高架路桥应运而生，但也为驾驶人带来了不少安全隐患。因为支撑桥面需要建无数个桥墩。当车辆行驶在紧挨桥墩的车道时，这无形中就形成了一个可怕的盲区，极有可能会突然跑出一个行人或骑车人。所以在有选择的情况下，尽量不要走在最靠近桥墩一侧的车道，尽管那条车道往往是最为通畅的。特别留意桥墩附近的路况，如需左转或者掉头，那也得注意控制车速，时刻保持高度警惕，并与前车保持足够距离，以防前车紧急制动

造成追尾。

2）等红绿灯时，在车前面有时会有各种大货车、公交车，接近3米高的车身，这时根本看不到前方的红绿灯。不少公交车驾驶人对红绿灯变换频率了如指掌，通常都能在红灯亮起前的瞬间顺利冲关，但往往尾随它的小车就不走运了，走出一段距离才发现闯了红灯。所以在接近路口时，要与前面的大型车保持足够距离，尽量保证能清楚看到前方交通指示灯或者其他辅助交通指示灯。如果在不确定的情况下，需坚持“宁慢一分，不抢一秒”的原则，降低车速，看清楚信号灯之后再安全通过。

3）有时在红灯亮起时停在斑马线前，在车的旁边车道上停了一辆大型车。这时候就需要注意了，大型车宽大的车身就像堵墙，导致一般车辆的驾驶人根本无法了解此时斑马线上的情况，从而产生了盲区。很多行人往往在人行道绿灯即将结束时，都还会做最后“冲刺”。大型车往往起步较慢，所以绿灯亮起时，如果你第一个抢先起步，那么事故是很难避免了。所以最稳妥的办法，就是让两侧的大型车先起步。缓慢移动的车身已经通过了斑马线之后，你再起步加速。

4）当车辆爬行在陡峭的山坡，车辆到了最高点的时候，此时驾驶人的视线都会离开路面，造成视线盲区，假如没有对迎面而来的车辆作出避让，往往会造成交通事故的发生。所以爬行在陡峭的山坡时，车辆尽量靠外侧行驶，当视线离开路面时，需要鸣喇叭，引起来车注意。

前盲区的距离大小，控制车辆，开车坐姿要正常。

2）后盲区。车辆后面的盲区是指从后车门开始向外侧展开有大约30°的区域在后视镜的视界以外，通俗的说法是如果后车的车头在前车的后车门附近时，前车的后视镜里是看不见有车的，如果不注意的话，极易发生刮蹭和追尾事故，这个盲区比前面的A柱盲区的危险性更大些。所以开动车辆前先养成检查车尾是否有障碍物的习惯，用缓慢的速度倒车，如果有旁人，可以让旁人协助尽可能与障碍物保持足够的距离，熟悉后盲区的距离大小，控制车辆。

3）车底盲区。车底的盲区是车内视线根本无法看到的区域，同时各种各样的雷达都无法探测到，这往往会造成较大的安全隐患。所以在进入驾驶室前，要养成围车观察一圈车辆周围与车底的习惯，起动车辆时，按几下喇叭再前进。

4）外后视镜盲区。后视镜并不能完全地收集到车身周围的全部信息，因为后视镜的视觉区之间都存在着或多或少的盲区，右边的后视镜盲区很多人都知道，左侧后视镜的盲区似乎很少有人提起。尤其从辅路上主路，

5）有时车辆在行驶过程中会被公路线形、路旁建筑物、路旁的植物、路旁的车辆阻挡视线，造成视野盲区。此时应该提前打转向灯并鸣喇叭，降低车速靠最外侧转弯，切记不能高速转弯与靠内侧行驶。

（2）车内“固定”的视线盲区

为了更好减少车辆在行驶中产生的盲区，每位驾驶人在坐进驾驶座之后，必须调节好内外后视镜的角度、座椅与方向盘的位置。可以自然握住方向盘前段，手腕能自由地弯曲，活动自由。腿部要有一定的活动空间，用脚踩离合器踏板、制动踏板或加速踏板时不费力，身体不必前倾。

1）前盲区。造成汽车前方盲区有几方面的因素，车身高度、座椅的高度、车头的长度、驾驶人的身材等都有关系，如果没有很好地控制前盲区的距离，是很容易发生追尾事件的。所以尽可能与前车或者障碍物保持足够的距离，熟悉

从左后视镜没看到车辆，假如加速大角度切上最内侧车道，是很容易与正在最内侧车道狂飙的车辆发生碰撞的。所以当车辆需要变线或者转弯时，需提前打转向灯保证安全，由于当时车身与车道形成一个角度，左后视镜的视野也相应偏转了一个角度，刚好看不到较近的最内侧车道情况，所以每次大角度并线时总要转头仔仔细细看上一眼，慢速偏转，也可以选择在车内后视镜上加装一块大视野的辅助镜，这些方法都能尽量减少盲区的出现。

5）A 柱盲区。A 柱的设计主要考虑两方面的因素：

① 它遮挡驾驶人视线的角度问题。

② A 柱的刚度问题。

既要保持 A 柱的刚度，又要减少对驾驶人的视线遮挡程度，这个矛盾在设计中很难达到平衡，因此出现视野盲区也是不可避免的。车辆在运动中，A 柱盲区是忽略不计的，停车或者起动前的时候是最大的，不过停车和起动时，应该车前车后都照顾一下，视野盲区也可有效地缩小，驾驶车辆时，通过前后移动身体，避开 A 柱遮挡的盲区，尤其在转弯的时候，必须提前观察前方的路面情况。

6）B 柱盲区。B 柱的盲区主要是在车辆的右侧，当车辆在行驶中，需要大角度转到外侧时，B 柱会遮挡视线，有可能与右侧正常行驶的车辆发生碰撞。所以尽量避免大角度偏转，如果一定要大角度转弯时，必须对车右侧的路况经过二到三次的观察，保证安全时缓慢移动。

第六章
城区驾驶

现在城市中的汽车密度越来越大，路况越来越复杂，停车越来越困难，了解和掌握一些车辆在城区驾驶技巧和使用知识，自然对于安全、便利的日常出行有极大的帮助。

35 规划路线

在城区开车出行时，常常形成车流，甚至出现堵车现象，所以有必要根据行驶路线的距离、所用时间和自己的驾驶技术等情况，提前规划一下行驶路线。例如，尽量避开堵车热点，多留意交通广播，注意每次所经路线的路况。这样就能选一条最近的路线，走一段最不易堵车的路线，从而不仅省油，还能节约时间。

1）选择最佳行驶路线，避开交通高峰时间和路段，同时要再选择一到两条的路线作为备用路线。

2）提前确定转弯地点，在距离转向地点一公里处，就要确定转向方向，选择合适的行驶车道，而不能临近转弯地点再手忙脚乱采取措施。

3）对不熟悉的道路，最好是先找最大的标志性建筑物，再找具体的街道，对路人提供的距离数仅做参考，因为每个人对距离的判断是有出入的。

【编者提醒】

在遇到堵车时，如果需要长时间停车当然就驻车等待，如果是走走停停就用离合器踏板的高低来控制车速，快了就将离合器踏板向下踩一点（感觉离前车很近了可以踩点制动踏板后，再将脚放在加速踏板上），车速慢了就将离合器踏板抬一点，并踩一点加速踏板，这样车既不会熄火，也不会后退，还会跟着前面的车走。

当然用半离合状态行驶会增加离合器的磨损，但与行车安全相比也是非常必要的。

36 预防追尾

现在道路上行驶的车辆越来越多，即使是平时开车非常小心的老驾驶人，也怕道路堵车和追尾，所以就要适时注意前车的行驶情况，这样就可以从容地减速了。此外，应该充分利用制动灯的功能，但目前制动灯也有不尽如人意的地方。比如，当踩下制动踏板后，制动灯的灯光可以提醒后车减速，但后车没法知道前车踩制动踏板的轻重，如果后车对前车的减速程度估计不足，结果不难想象，追尾仍然会发生。统计表明，追尾事故中有很大部分的原因是前车进行了紧急制动。而且现在国内还没有较好的设备来特别提示紧急制动状态。为了预防追尾，首先要注意行驶的车速和与前后车保持一定安全的车距。

1）如果是前车，行车时就要适当照顾后车。制动前尽可能看一眼后视镜，提前点采取制动措施，以给后车留一点反应的时间。不到万不得已，不要采取紧急制动。

2）如果是后车，在注意路面情况的同时，还要紧盯住前车的制动灯，一旦前车制动灯亮起，那么就必须松开加速踏板，甚至采取点制动。

【编者提醒】

此外，还有一些车是不能随便跟的，比如大货车、大客车和公交车，其次是行驶不平稳的车，比如新手开的车。这些车行驶速度忽快忽慢，或急停或急加速，很容易发生追尾事故。

37 通过立交桥

随着交通的发展，公路立体交叉，立交桥越来越多，立体交叉避免了交叉路口车辆间的横向干扰，使各个方向的直行和转弯车辆都能循其规定行驶路线，顺利无阻地通过交叉路口，道路上的立交桥形式多种多样，行驶时稍不注意，或仅凭以往经验，常常会走错路，立体交叉的形式，除公路上少数地方采用的分离式外，大多数为互通式。通过立交桥时，需要注意以下事项：

1）要注意观察交通标志，确定出口位置。在行驶过程中，接近立交桥时，应适当减速，以便有充足的时间准确地确认出口的方向。

2）通过立交桥匝道时，必须按照规定速度或限速标志的规定行驶。

3）车辆直行通过立交桥时，按原方向从桥上或桥下行驶，应注意给驶出或驶入的车辆让出右侧车道。

4）右转弯车辆应开启右转向灯，在上立交桥前的第一个路口向右转。

5）左转弯车辆在转弯时不能直接向左转弯，在过桥后的第一路口后，开启右转向灯，向右转弯行进，沿支路进入主干道，实现左转弯。

6）掉头车辆要按左转弯的方法，接连两次左转弯便可实现掉头。

此外，一些大城市在主要干道上架

设有高架桥道路。通过高架桥时，一般也要注意以下几点：

1）在某个路段上单向建有高架桥，这种高架桥通常类似单向立交桥，利用大跨度连续通过几个交叉路口后又回落到原主干道上。遇到这种高架桥，驾驶人按道路标向驾车自然行进就可。

2）有的高架桥是从交叉路口的立交桥基础上延伸下去，在不同的高度上有不同方向的道路桥，向各方向道路延伸，给人一种多层复杂的感觉。遇到这种高架桥要沿着右转向上路，并按路面上或道路右侧出口指示牌行驶即可。因这种高架桥均是单行道，只要记住出口名称，准确出入，一般也不会出错。

3）有的高架桥是将整个干道相连，并自成环形体系。遇到这种高架桥应事先了解高架桥所通方向及有哪些出入口。

【编者提醒】

利用高架桥的目的是避开地面道路拥挤的情况，如果经了解所去目的地没有出入口，或上高架桥并不会省时就不必上高架桥。一旦上高架桥就要记准出口，若错过出口可在下一出口驶下高架桥，通过地面道路返回。

38 通过环岛

环岛是交通事故的多发地点，通过时必须按照规定谨慎驾驶。在距环岛50~100米处减速慢行，根据环岛的交通情况，适时控制速度，接近环岛时，观察左侧已在环岛内行驶的车辆的动态。适时汇入车流，必要时减速或停车让行。

在有两条或两条以上的车道环岛中，内侧为快车道，外侧为慢车道，由内侧驶离环岛前，必须提前打开右转向灯，并变更到外侧车道，然后再驶出环岛，严禁直接从内侧车道驶出环岛。

1）正常情况下，如果进环岛是为了右转弯出去，在入环岛前要先打右转向灯，并靠右侧行驶进入环岛，准备随时驶离出环岛。

2）如果是为了绕行环岛，请尽量贴在环岛内侧行驶，出弯前早打右转向灯，适时向右侧靠拢，伺机出弯。一般看到有车要驶离出环岛，大部分驾驶人都是能够礼让的。

39 由辅路进入主路

在城市里开车难免会遇到由辅路进入主路的情况，比如从停车场或加油站出来，进入车流繁忙的主路。这一出一进之间，可谓是危机四伏。

一般而言，辅路车辆必须让主路正常行驶的车辆优先通过，辅路车辆在进入主路前应该仔细观察，确认空当距离足够大，不会妨碍主路车辆正常通行。如果不遵守法规而导致交通事故，肇事方必须负全责。

可是，在日常生活中可不是每个驾驶人都能遵守规则，我们常常会看到辅路中突然冲出的车辆，“抢路现象”也时有发生。很多事故往往就在这样的时刻发生了。“宁停三分，不抢一秒”需要时刻牢记于心。

在实际行驶中，建议在进入主路前稍停片刻，以便让自己获得足够的时间进行判断。其实很多情况下车流是有规律的，等后方路口红灯亮起后，路上的车辆数量就会大大减少。否则的话，只能耐心等待一个稍像样的空当出现。此外，在并线时一定要打转向灯，千万不要有那种“抢”路的念头。

还有一点要提醒大家，就是这时候不仅要观察相邻车道的情况，还要观察次相邻的车道，看那里有没有突然冒出的行人、自行车和摩托车。

【编者提醒】

从辅路进入主路的行车要领是放慢车速，提前打开转向灯，仔细观察，确认空当足够了，再适时并入主路。作为一名有责任心的驾驶人，应该学会规避风险，这不仅是在保护自己，实际上也是在保护别人，维护良好的交通秩序。

40 进出地下停车场

地下停车场与露天停车场不同，车辆在驶入地下停车场之前一定要看清其限高标识。每一个地下停车场都有自己的限高标识，通常的地下停车场限高在2~2.4 米。有些车辆由于在车顶上有附加物品超过了限制高度，如果贸然驶入地下停车场是非常危险的。地下停车场的光线以及视野都不及地上停车场，因而在进入地下停车场之后一定要减慢车速，并开启车灯，沿着方向标识前进，对车辆出入的路口进行仔细观察，避免发生碰撞事故。

地下停车场大小不一、深浅不一，所以进出地下停车场停车须切记“五要”。

1）要减速下库。有的地下停车场造得太考究，地面还上漆。这种造法很不科学。尤其是雨天，湿胎碰到漆面就打滑，地下停车场里又多弯。开车下库如果不减速，自己的车擦了墙壁不算，还会擦碰其他车辆。

2）要细心倒车。在一些较小的地下停车场里，对倒车技术是个考验。有些地下停车场的停车位是升降型的钢铁停车板，这时倒车时更要小心。如果倒车技术一般的话，还有个简单办法就是干脆回避那种升降型的钢铁停车板，另找其他停车位。

3）要果断上库。地下停车场上坡路一般都很陡，如果冲坡犹犹豫豫，就容易中途熄火、倒溜出事。对那种把收费口设在上坡中间的地下停车场，尤其要警惕，因为在这种地方交费停车和重新冲坡，都有些难度。

4）要耐心等候。地下停车场空间小，操作难度高，老手要体谅新手，多耐心等候，不要屡打灯光或按喇叭催促。

5）要保持车距。在地下停车场里，千万不要与前车跟得太紧，上坡时尤其要注意。现在新手不少，而坡上溜车，正是新手的常见病。

【编者提醒】

在地下停车场停车时一定要留意停车位在哪个停车区以及停车位标号，也可注意一下停车位附近有无明显的标志物，此外在多层的地下停车场停车一定要记住将车停放在地下几层。此外，在一些多层地上停车楼停车时，也应该在坡路上注意防止溜车。

41

夜间行车

驾驶人一定要充分认识到在夜间高速行车的危险性。夜间行车由亮处到暗处时，眼睛有一个适应过程，因此必须降低车速，在驶经弯道、坡路、桥梁、窄路和不易看清的地方更应降低车速并随时做好制动或停车的准备。驶经繁华街道时，由于灯光的照射对驾驶人的视线有影响,这时也须低速行驶。如遇下雨、下雪和下雾等恶劣的天气时更要低速小心行驶。

1）夜间行车中如遇对向车时，在相距 150 米左右时，应将远光灯变为近光灯，若遇对方不改用近光，应立即减速并连续使用变换远光、近光的办法来示意对方。如仍不改变，则应减速靠右停车避让，切勿斗气以强光对射，以免损害双方视觉而酿成车祸。

2）夜间行车要注意从左侧横过道路的行人。在城市道路的交通繁忙地段，有时对向车道上排满了等红灯的车，在这种情况下，常常有行人从车队的间隙中跑出来从左向右横过道路。

3）严格控制车速。这是保证夜间行车安全的根本性措施。由于夜间道路上的交通量小，行人和自行车的干扰也比较少，加上驾驶人的心理状态（如急于赶路等），一般比较容易高速行车，因而很可能发生交通事故。

4）增加跟车距离。驾驶人在夜间行车时，一是视线不良，二是常遇危险、紧急情况，为此，驾驶人必须准备随时停车。在这种情况下，为避免危险，要注意适当增加跟车距离，以防止前后车相碰撞事故。

5）尽量避免夜间超车。必须超车时，应事先连续变换远光、近光告知前车，在确实判定前车让路允许超越后，再进行超车。

6）注意克服驾驶疲劳。夜间行车特别是午夜以后行车最容易疲劳瞌睡。另外，夜间行车由于不能见到道路两旁的景观，对驾驶人兴奋性刺激小，因此，最易产生驾驶疲劳，如稍有感觉就应振作精神或停车休息片刻。

7）夏季夜间行车时，尤其要提高警惕，夏季天气炎热，在街道或公路两旁常有人乘凉或露宿，特别是在居民小区的附近。驾驶人必须谨慎驾驶。

42 与电动车或摩托车随行

现代城市中摩托车日益增多。摩托车体积虽小，但速度快、运行灵活，在机动车道上运行，常与各种车辆争道。骑摩托车的人大多是年轻人，这些人驾驶技术参差不齐，人员素质也高低不均。还有些人没有经过严格的技术训练，对交通法规也是一知半解，逞强好胜，随意开车，对交通安全威胁很大。对此，驾驶人要了解各种摩托车的性能特点和行驶规律。行车中遇摩托车不宜尾随，应保持足够的间距；与之会车和让超车时，侧向间距要大。经过街道各路口小巷时，要提防摩托车突然从这些地方高速驶入行车道造成危险。在交叉路口，要防止刚解除红灯便立即高速通行的摩托车与绿灯结束前的末尾车辆相撞。在同道随行时，要保持车辆直线行驶，禁忌乱转方向盘走“蛇”形路，以免刮碰到摩托车。

编者提醒

在城市驾驶中，摩托车往往会利用空隙穿插前行，特别在交叉路口等红灯时，驾驶人要加强后视镜观察，及时了解车辆前后左右摩托车的情况，以便采取适当的防备措施。

43 城市中不同停车场的区分与识别

不同类型的停车场，其场地位置、服务功能、服务对象、收费标准等都不尽相同。为了便于驾驶人了解，对停车场可按服务对象、场地位置、建筑类型和管理方式 4 种方式分类。

1）按服务对象分类。这类停车场可分为社会停车场、配建停车场和专用停车场。

① 社会停车场也称为公用停车场，即该停车场不管来自哪方面的车辆均可入内停放。这种停车场大多分布于城市商业区、城市主要干道出入口及过境车辆需求集中的地方。

② 配建停车场通常是指大型公用设施或建筑配套建设的停车场，主要为与该设施业务活动相关的出行车辆提供停车服务。

③ 专用停车场是指专业运输部门或企事业单位所属的停车场所，仅供有关单位内部自有车辆停放。

2）按场地位置分类。这类停车场可分为路上停车场、路边停车场和路外停车场三类。

① 路上停车场是指在一些城市道路的两侧或一侧，画出若干段带状路面供车辆停放的场所。

② 路边停车场是指在一些城市道路的两边或一边的路缘外侧所布置的一些带状停车场所。

③ 路外停车场是指位于城市道路系统之外，由专用通道与城市道路系统相联系的各种停车场所。

3）按建筑类型分类。这类停车场可分为地面停车场、地下停车库、地上停车库、多用停车库和机械式停车库五类。

① 地面停车场是指广场式的停车场，该类停车场为露天式。

② 地下停车库是指建在地下的具有一层或多层的停车场所。

③ 地上停车库是指专门用来停车的固定建筑。

④ 多用停车库是指一种具有多种用途的建筑，它除了主要用于停车外，还有一部分建筑用于其他用途。

⑤ 机械式停车库是专用停车建筑，且该建筑为多层钢结构，采用电梯通过升降式自动运送停泊车辆。

4）按管理方式分类。这类停车场可分为免费停车场、限时停车场、限时收费停车场、收费停车场和指定停车场等。

① 免费停车场是指一些不收费的地面停车场。

② 限时停车场是指限制车辆停泊时间的停车场所。

③ 限时收费停车场是指在限时的基础上，辅以收费的停车场所。

④ 收费停车场是指无论停泊时间长短，均收取停车费的停车场所。

⑤ 指定停车场是指通过标志或地面标示指明专供某种特定性质的车辆停放的停车场所。

【编者提醒】

汽车在城市道路上不可随意停放。在可以停车的地方，应紧靠道路右侧停放。在停车场，应依次停放整齐，保持一定的间隔，以便随时驶出。

第七章
高速公路驾驶

在高速公路上驾驶，完全不同于一般道路的驾驶，因为高速公路具有车速高、车道区分明确、车辆流向单一而且车流量大的特点，所以掌握高速公路的正确驾驶方法就显得更加重要。

44 驶入高速公路

从匝道驶入高速公路的车辆，必须先在加速车道上尽快将车速提高到 60 公里 / 小时以上，并提前开启左转向灯，驶入行车道时，要注意在不妨碍该车道其他车辆的正常行驶的情况下才能驶入。具体操作方法如下：

1）因为高速公路与一般道路相连接的匝道大多呈曲线状，因此驶入匝道时的车速不宜太快，驾驶人必须看清楚并严格遵守限速标志。

2）从匝道驶入加速车道后，应迅速提速，将车速提至与行车道上行驶的车速越接近越好。即使行车道上车辆少，也要先充分利用加速车道提速后再进入行车道，这样可以防止发生行车道上的后车追尾事故。

3）根据行车道上的车流情况，确定应插在哪辆车的后面汇入车流，然后一定要在变更车道前提前打开左转向灯，其目的是给行车道的后车发出信号，提醒后车驾驶人注意。待车速接近车流速度后，再轻轻操作方向盘，进入行车道汇入车流。

4）切入行车道合流时，应不妨碍正在行车道上行驶的车辆，在充分掌握前后车辆行驶的情况下，果断汇入，切忌犹豫不决。如适逢行车道上出现“车队”状态行驶时，应根据本车的加速性能和“车队”头车的速度及位置来决定是从其前方驶入，还是让其全部通过后再从后面接上。汇入时应通过眼睛或从后视镜中观察行车道的车辆行驶情况。另外，因为此时车速已经被提到较高的速度，因此在操作方向盘的时候，应该稳握轻打，切忌像平时一样猛打方向盘。

【编者提醒】

车辆在高速公路上最低车速不能低于60公里/小时，最高车速小型车不高于120公里/小时。车辆进入行车道正常行驶时应保持适当的行车间距，间距大小可利用道路一侧的车间距离确认标志进行适当的修正。正常情况下，当行驶车速为100公里/小时时，行车间距应保持100米左右；行驶车速为70公里/小时时，行驶间距应保持间距70米左右。遇有恶劣天气应减速行驶并延长跟车距离。

45 高速公路驾驶技巧

高速公路的车速都非常快，如果发生意外后果也将是非常严重的，所以在高速公路上开车更要讲究技巧。而高速公路上的许多交通意外又都是由于驾驶人在险情出现后没有很好地作出相应的反应，或是反应过激造成的，所以在高速公路上开车经常观察前车、保持合理的车速和注意路边的警告标志都是十分重要的。

1）高速驾驶的车道选择。高速公路上一般有三条行车道和一条应急车道，快车道是指行驶方向最左边的那条车道，用来超车或快速行驶。该车道视野大多不算开阔，发生紧急情况时避让空间小，所以最好不要长时间占据这条车道。而中间车道因视野和空间较大，虽稍慢些，但最为稳妥。至于慢车道，除常会遇大车挡路外，有时突然从旁边引路冲出的汽车也会给安全带来隐患。

值得一提是应急车道，因为这里隐藏的危险最大。

① 经常会有突然停下的事故车，如果此时后车尾随大车行驶在最外侧行车道突然想从应急车道超车或者在应急车道行驶太快都有可能发生追尾事故。

② 应急车道内常会有事故车遗弃的螺钉、渗漏的机油等废物，这些东西一旦粘到轮胎上，危险可想而知。

2）高速公路上一定不要超速行驶。当汽车高速飞奔时，所有部件的反应都会变得异常灵敏。也许平时开车时不经意的一个转向动作，到高速公路行驶时就有可能酿成大祸。所以高速驾驶时除了要注意动作温柔外，还要注意绝对不可超过对车辆的控制极限。

3）掌握高速公路紧急停车的要领也是必要的。一般来说高速行驶时最好不要停车，能坚持到服务站最好。若实在坚持不了也应选择无盲区的直线路段停车，并停在紧急停车带内。停稳后立即开启危险警告灯，并同时开启示宽灯、前照灯和雾灯。在车后方的 50~100 米处放置危险警告牌，提示过往驾驶人注意安全，而驾驶人上下车的动作也要尽量快，确保后方没有车驶近时再打开车门。

4）调整好高速公路驾驶时的心态。其实以 160 公里 / 小时的车速行驶和以 110 公里 / 小时的车速行驶，最后到达目的地的时间相差不多，但驾驶风险系数却会大幅增加。一般的车辆以 100 公里 / 小时的车速行驶时，至少要 40 米以上才能制动住。而且随着车速的提升，制动距离会大幅变长。所以在高速公路上驾车行驶时更要注意调整心态，听听轻音乐、再做个深呼吸也许能够放松紧张的情绪。

5）要注意侧风的影响。在空旷的高速公路、隧道的出入口或在立交桥上都有可能出现侧风。汽车在行驶中遇到强劲的侧风时，会产生较大的侧向摆动，有可能引起侧滑、偏离预计的行驶轨迹等，从而引发危险。此外，干扰车辆行驶的侧风也不完全是来自大自然，一辆飞驰而过的大货车就会带起一个涡流，同样会引起车辆行驶轨迹的偏移。

当车辆受到了侧风影响时，急踩制动踏板或急打方向盘都是不明智的选择，应该先搞清车辆的偏移路线，然后再慢慢地修正方向。而在超越大车时，应确保前方路况良好，在有足够把握的前提下全力加速，尽快完成安全超车。最后，有预见性地驾驶车辆也能在危险来临时从容采取一定的应对措施。

一般来说，SUV 因为底盘较高，所以抗侧风能力会相对较弱，在空旷的高速路上驾驶 SUV 车型行驶时，一定要注意侧风的影响。

【编者提醒】

高速公路路面宽阔、固定参照物少、车辆行驶速度高。而且既没有交通信号灯和道路平面交叉，又无行人、非机动车和其他低速机动车干扰，所有车辆都保持较高的速度各行其道、有序地行进。

在这种环境下长时间驾驶，驾驶人的精神始终处于高度紧张的状态，也会感到单调、枯燥，容易产生松懈或疲劳，甚至丧失在紧急情况下采取制动、减速的意识。因此，驾驶人没有休息好或者感到有点疲劳时，不要驾车驶入高速公路。而在高速公路上行车时，连续驾驶 2 小时左右就应该到服务区休息一下，如果感觉有点疲倦或有睡意时最好立即休息。

46 高速公路行驶禁忌

在高速公路行驶时，一般有以下的禁忌。

1)禁忌超高速行驶。众所周知，高速公路路面好，许多驾驶人往往一上高速公路就爱高速行驶，这样既不经济，又不利于安全。因为车速越高，制动距离越大，汽车转向时的离心力也越大，汽车的操纵稳定性则变差。另外，车速越快，驾驶人视线距离越短，视野变得越窄，由此而产生的判断失误也就会增加。因此，控制行驶速度是保证高速公路行车安全的首要条件。

2)禁忌跟车太近。安全的行车间距应根据行驶速度、天气和路面情况而变化，车速越快，行车间距相应也要加大，特别是在雪、雨、雾天或路面结冰时更要加倍延长。

3)禁忌违章停车。汽车行驶中，因故障需要临时停车检修时，必须提前开启右转向灯驶离行车道，停在紧急停车带内或右侧路肩上。当汽车因故障、事故等原因不能离开行车道时，必须立即开启危险警告灯，并在行驶方向的后方100米处设置警告标志，夜间还须同时开启示宽灯和后尾灯。

4)禁忌驾驶故障车。在高速公路上行驶时，汽车的技术状态至关重要。由于转向、制动失灵、爆胎等原因引起的交通事故，后果将是非常严重的。

5)禁忌在匝道处直接出入行车道。进入高速公路时，必须在加速车道上提高车速，并开启左转向灯。驶离高速公路时，应按出口预告标志进入与出口相接的车道，减速行驶。禁止在匝道直接转弯驶入行车道。

6)禁忌不按规定装载行驶。如果在高速公路上超载高速行驶，车辆惯性加大，遇到紧急情况时制动的非安全区将延长。其次是由于超载产生的重力、阻力及摩擦力均随之增大，悬架、半轴和轮胎螺栓容易损坏，重心变高、惯性和离心力加大都容易使车辆在高速行驶中失控、倾翻或爆胎。

【编者提醒】

在高速公路行驶车辆爆胎时，驾驶人千万不能猛踩制动踏板。而是应该全力控制方向盘，保持车身正直向前，迅速抢挂低速档，利用发动机牵阻制动车辆，并立即打开危险警告灯，让车辆慢慢滑行停下来。

47 高速公路超车

高速公路行驶时的车速较高，一般发生的车祸多数都与超车行驶有关，因此在高速公路上超车时应该注意以下几点。

1）首先应通过车内中央后视镜和车外后视镜认真观察超车道上有无后续车辆及后续车辆行驶状况。在发出变道方向指示信号之前，再确认一下有无距离比较近且在超车道上行驶的并进车辆。

2）即使已发出超车信号，也不要猛然变道，正确的做法应该是再次注视一下车前、车后、车旁的情况，当在行驶线路上本车后面有车发出信号时，应暂缓超车行动。如果确认安全无误，则应一边靠近道路中心线，一边平稳地转动方向盘，以较大的行车轨迹将车果断加速驶向超车道。特别是在雨天，应注意不可猛打方向盘，以免发生侧滑。

3）车辆驶入超车道超越前车时，必须精力集中，一鼓作气完成操作动作，要避免拖延时间。

4）超越性能好的车，一定要将距离拉得比较大后再并线，以防止后车突然加速发生追尾。

5）超越货车时的动作一定要快，可先变换远近光提示要超车（有时按喇叭货车驾驶人可能听不到），靠近货车后提速要果断，深踩加速踏板快速超越，免得超车时间太长发生意外。

【编者提醒】

在高速公路上轻易不要从右侧车道超越，如果非要从右侧超越，就要提前给前车发出超越提示，以免前车突然向右侧变更车道行驶。此外还要注意右侧车道前方有无事故车辆。

48 驶离高速公路

因为在高速公路的正常行驶中，一般车速都非常快，所以在驶离高速公路时也要提前采取措施。

1）驶离高速公路时，应注意交通标志，及早了解出口处的位置。高速公路出口前2公里、1公里、500米及出口处都设有相应的出口预告标志和出口标志。当行驶至距出口500米时，应做好驶出准备，将车辆从超车道、中间车道适时驶入右侧减速车道，并注意在更改车道前提前开启右转向灯。进入减速车道时应从其始端驶入，而不能从其中部或由超车道直接驶入。特别要注意的是车辆在驶入减速车道前，不可在行车道上过早制动减速，以免影响后面车辆的正常行驶，甚至发生事故。此外，驶离高速公路时，如果错过出口，就只能继续向前行驶，直至下一个出口驶出。严禁采取紧急制动、倒车、逆行、穿越中心分隔带掉头等措施，以免发生事故。

【编者提醒】

当车辆经匝道驶离高速公路时，应注意车辆不可在匝道上超车、停车或掉头，同时还应该注意避免与其他车道合流的车辆发生碰撞。最后，车辆驶出匝道时同样应采用点制动的方法利用车速表确认车速，平稳打方向盘缓慢驶离匝道，同时应注意匝道外一般公路上合流车辆的动态，安全与其合流。

2）当车辆驶入减速车道后，关闭右转向灯，车辆应在减速车道上充分减速，将车速减到40公里/小时以下，不允许车辆未经减速车道就直接进入匝道。但此时往往由于驾驶人长时间在高速公路上驾驶后，会对速度反应迟钝，出现速度错觉，在出高速公路减速时极容易出现对速度估计过低现象。此时最好的处理方法就是及时观察车辆的车速表，根据车速表的显示采取点制动的办法，将车速控制到40公里/小时以内。因为高速现象的消除需要一定的时间，所以在出口处和驶离匝道后，都要低速行驶一段时间，待适应后，方才能转入正常行驶。

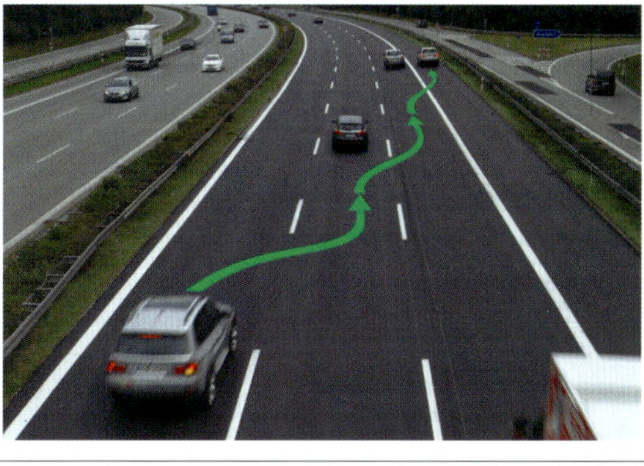

49 雾天高速公路驾驶

在高速公路上交通流量大、车速高，因此雾天发生的交通事故明显多于一般道路，特别是在浓雾天气更有可能引发车辆一连串追尾相撞等恶性事故。

雾天除使能见度变低外，还有空气湿度大而引起的玻璃透视效果变差等现象，但对行车影响最大的主要还是能见度变低。雾有浓、薄之分，当能见度在150~300米时为薄雾，能见度在50~150米时为浓雾，能见度在50米以下时为特浓雾。

1）雾天行车时，应该勤查高速公路路况信息，包括打电话咨询、发短信息咨询、观察电子警示标牌等，要服从交警的指挥和劝阻，一定不要着急上路行驶。

2）雾中行车时，一定要严格遵守交通规则限速行驶，千万不可开快车。雾越大，可视距离越短，车速就必须越低。

3）不要用远光灯。雾天行驶，一定要打开前后雾灯、尾灯、示宽灯和近光灯，利用灯光来提高能见度，看清前方车辆及行人与路况，也可引起其他车辆的注意。需要特别提醒的是雾天行车不要打开远光灯，这是由于远光偏上，射出的光线会被雾气反射，在车前形成白茫茫一片，驾驶人反而什么都看不见了。

4）保持车距。在雾中应该尽量低速行驶，尤其是要与前车保持足够的安全车距，不要跟得太近。要尽量靠路中间行驶，不要沿着路边行驶，以防与路边临时停车、等待雾散的车辆相撞。

5）不要紧急制动。在雾中行车时，一般不要猛踩或者快松加速踏板，更不能紧急制动和急打方向盘。如果认为确需降低车速时，应先缓缓放松加速踏板，然后连续几次轻踩制动踏板，达到控制车速的目的，防止追尾事故的发生。

【编者提醒】

雾气经常是时浓时淡，造成行驶的速度难以控制，在驶入雾浓的地段时易发生事故。这时如果来不及驶向服务区，则安全的方法是把车驶入应急车道，开启示宽灯和尾灯，车上人员要立即下车撤离到防护栏以外的安全地带。当能见度恢复到一定程度后，应尽快从应急车道驶离。如果已经将车辆停在服务区停车场里，就应该等雾完全散后再行车，不要为抢一点时间而发生意外。

50

雨天高速公路驾驶

雨天高速公路上事故较多，行车一定要注意车速和车距。以下是雨天高速公路驾驶的注意事项。

1）驶入高速公路前，应该检查车辆的制动系统，以防车辆制动系统因进水而造成制动效能降低或失灵。此外，为了保证驾驶人在雨中驾驶的良好视线，清楚地观察到后方车辆的运动情况，一定要将后视镜擦干净。

2）通过积水地段时要降低车速，以免飞溅的水花打在玻璃上，模糊驾驶人视线。但不要采取紧急制动避让，而是要注意保持车辆运动方向不发生大的改变。

3）注意高速公路前方标志，在施工路段提前减速慢行。雨天视线不好，在施工路段不要轻易超车或占用其他车道。

4）对超车变换车道的情况，应通过后视镜进行仔细观察，看清前后车辆距离足够大时，再打开转向灯快速超车。

【编者提醒】

雨天驾驶时车内通常处于封闭状态，由于车内外温差的关系，车窗玻璃上容易产生雾气，严重影响驾驶人的视线，这时必须使用空调系统才能将雾气除去。一般使用空调系统除雾的方法有两种。

1）用冷气除雾，打开冷气开关，将风扇开关调至2档或3档，风向调向前风窗玻璃，这样除雾速度比较快，但是会消耗一定的燃油。

2）用暖气除雾，将温度调到25℃以上，将风扇开关调至2档或3档，风向调向前风窗玻璃，这样除雾可以节约一定的燃油，但除雾的速度比较慢。

51

雪天高速公路驾驶

一般来说，干燥、良好的沥青或混凝土路面的附着系数为 0.7~0.8，而冰雪路面的附着系数只有 0.1~0.2。如果同样以 90 公里 / 小时速行驶，干燥路面的制动距离只有 30 多米，而冰雪路面的制动距离则可能达到 150 多米。

在下大雪时为了避免事故的发生，高速公路一般都会采取封闭措施。但是在高速公路行驶过程中遭遇大雪天气时，一些必要的驾驶技巧对于安全行车就显得非常重要。

1）雪天在高速公路一定要保持低速、匀速行驶，握稳方向盘。

2）要平稳地加速或减速，减速时要轻踩制动踏板，以避免轮胎打滑。

3）路面积雪深时，应尽量走在其他车辆行驶过的路面上。

4）保持足够的安全车距，以预留出更长的制动距离。

5）一般雪天能见度低，应该开启前后雾灯和近光灯。

6）保持车内足够温度，以保证前风窗玻璃不结冰，并用刮水器及时刮去前风窗玻璃上的积雪。

【编者提醒】

雪天在高速公路行驶时，如果车辆打滑，一定不要采取紧急制动，方向盘要顺着打滑方向轻轻地转，待车辆回正后，再轻轻地踩制动踏板，直到整个情况完全控制住。

52 夜间高速公路驾驶

高速公路上夜间车辆数量比白天少得多，夜深人静，不少驾驶人认为，夜间驾驶比白天容易。其实不然，夜间行车光照度变差，道路视界窄小，能见度低，空间观念被破坏。进入夜间，驾驶人的兴奋度较差，容易疲劳，尤其是午夜以后最易瞌睡，有的接近于半清醒状态。而且灯光的跳动和移动或后车灯光的照射，都会影响驾驶人观察和判断路面情况的能力

一般来说，车辆在夜间高速公路行驶时，有两类事故特别容易发生：

① 驾驶人以前方慢速行进的汽车尾灯为目标高速追赶跟进，由于大型车尾灯较小，目测距离不准，当发现过于跟近时为时已晚，追尾相撞。

② 对停靠在路肩的车辆尾灯，误判断为行进车尾灯，也易发生追尾相撞事故。

所以，在高速公路上夜间行车应该注意：

1）入夜前，应检查车辆技术状况，特别是电器电路部分，要保障完好无故障。

2）在同样的交通条件下，夜间行驶通常要比白天降低车速 10 公里 / 小时左右，以弥补夜间视力降低、视野窄小、能见度差的缺陷。

3）驾驶人应努力培养自己善于视认前方物体的动态的能力，特别是在车辆少的时候，应尽早判明前方汽车尾灯是否在动。

4）夜间行车中，除万不得已外，应当避免在路肩上停靠车辆。

5）应善于用灯光及车速判断道路上、下坡。若灯光照射距离近、发动机负荷增大、车速减慢，则为上坡；相反现象出现时，则为下坡。

6）在高速公路上夜间高速行驶，必须对路上的散落物百倍警惕，努力用眼光搜索，以便安全避开行驶；驾驶人对自车的装载物也应绑捆牢靠，以防行驶中落物，造成交通影响。

7）夜间长时间行车，应对车内适当通自然风，以克制睡意和疲劳，恢复体力或精力。

8）行车中，注意车辆的异常气味，如强烈的汽油味、胶皮味等，大多是故障的反映，应及时采取治理措施，以防事态扩大，危及安全。

53 山区高速公路驾驶

山区的高速公路的上坡、下坡和弯道虽然不像一般公路那么陡、那么急，但毕竟是山区路段，小弯道、陡上陡下的坡道还是不少，路况的复杂性、危险性也比平原微丘大得多。对此，每位驾驶人都应有清醒的认识。在山区高速公路上行驶，有以下几点需要注意。

1）注意标志，控制好车速。高速公路上的各种标志不仅是引导、指挥车辆正确行驶的标志，也是提示驾驶人注意行车安全的标志，山区高速公路路段的标志更是如此。见到急弯、陡坡、限速、横风等标志时，要立即引起警觉，稳住方向盘，不时观察车速表，调整好车速。

2）注意塌方、横风、落石等。由于山区高速公路穿山越岭修建，因此挖方地段很多。施工时开山放炮、地震等造成山体松动，极易有石头掉到地面上，雨后山洪也容易发生滑坡、塌方、路面塌陷的灾害，深沟豁口路段又会产生横风。为此，在山区高速公路行驶时，应时刻观察前方山体与路面情况，以防上述险情突然袭击。

第八章
越野驾驶

我国地域辽阔、地理环境复杂多样，例如有高原、沙漠、平原、冰川、热带雨林、戈壁、湿地、沼泽、湖泊、江河、溪流、海岸等。所以掌握好越野驾驶技巧就显得至关重要。

54 越野驾驶姿势

在越野驾驶中经常会遇到大起大伏的路面，如果还是采用日常驾驶姿势，驾驶人就很有可能从座位上滑落或弹起，也无法很好地控制车辆的行驶，所以越野驾驶时要保持正确的驾驶姿势。

1）臀部要坐到合适的位置。将座位前后调节，直到将离合器踏板完全踩下时，膝部仍感觉舒服为止。如果是自动档汽车，则将左脚紧紧踩住车厢地板，让身体牢牢靠在座位上。

2）要固定手臂的位置。左右手应该握在方向盘 10 点和 2 点的位置，并给臂肘留下足够的活动空间。将座位靠背完全竖起，这样即使两臂在同一直线上握住方向盘时，臂肘仍很舒服。座椅靠背一定要充分向前，这样身体才能坐直。一开始这样的姿势可能不太舒服，但越野驾驶必须保持这样的姿势。如果每到野外你就有意识地采取这种姿势，很快就会习惯了。

3）越野时最有效的姿势是身体坐直。在这种姿势下，身体最容易保持稳定，转向、制动、踩离合器踏板时最灵活，而且，这样也最容易看清前方的路面，因为路面上稍有不平，就会影响驾驶。在野外一定要看清路面，沿正确的路线行驶，因此眼睛最好牢牢盯住前方的路面。

【编者提醒】

越野驾驶时，一定不能将手指放在方向盘内侧，也不要反握方向盘，因为这样不仅可能在方向盘回跳时弄伤手指或手腕，更有可能造成车辆失控。最安全的方式是让手指顺着方向盘的外侧握住方向盘。

55 崎岖凹凸路面驾驶

崎岖凹凸路面主要有戈壁滩、乱石堆、干河床、碎石路等。

1）驾驶车辆行驶在没有车辙痕迹、一望无际的戈壁滩上，发动机会长时间处于低速运转状态，从而很容易造成发动机过热，产生动力不足。所以在出发前应检查一下散热器的工作状态是否正常。如果车辆在正常的行驶过程中，突然感到动力不足，就应该及时停车，然后将变速杆挂入倒档位置，慢松离合器踏板、轻踩加速踏板，原路退回后再重新选择行进路线。

2）在乱石堆或干河床行驶时，SUV 车辆的最小离地间隙数据就显得非常重要，为了避免底盘磕碰石头，车速应该尽量慢一点。20 厘米以下石头可采用单侧车轮碾过石头通过。无法碾过的石头，比较小的则下车设法搬移，比较大的则在石头前放置小石块，使之形成台阶状让车辆驶过，需注意石头的另一端也应同样放置石块，否则前轮过后底盘会碰到突起的石头。

3）在碎石路面上行驶时，由于路面介质变成了碎石，因此地面附着力大幅下降，从而应避免紧急制动。在转向时也应提前减速，并适当增大转向半径，避免发生侧滑。此外还应增大跟车距离并减速慢行，尤其是当前车车速较快时，更要注意路面碎石会由前车轮胎带起，飞溅到后面，如果距离过近会对风窗玻璃以及车身表面造成损害。

【编者提醒】

在崎岖凹凸路面行驶应该及时注意路面状况，尤其是如果路面上的一些碎石边缘比较尖锐，行驶在这样的路段时更应该减速慢行，以免轮胎受损。

56 陡坡驾驶

【编者提醒】

车辆在下深坑时要先判断进入角度够不够，在足够的情况下选择好相应的低速档位，用档位拖着车辆慢下，当前轮进入坑底时，可踩加速踏板用足够的动力把车从坑底冲到坑顶，车头前轮到坑顶时松开加速踏板，让惯性把车辆推到坑顶。

注意在下深坑时的车辆速度不宜过快，更不能在下到坑底时使用紧急制动，这样容易造成车辆前空翻。

驾驶人遇到陡坡路面时应首先应正确判断坡道情况，并及时采取正确的驾驶方式，以免损坏车辆，甚至造成事故。

1）上陡坡时一定要将变速杆挂入低速档，迎着坡向上行驶，当车头上到坡顶稍松加速踏板，让车辆依靠惯性上到坡顶。切不可侧向行驶或进行掉头，以免车辆发生侧翻。如遇到上坡中途动力不足无法继续前进的情况，可立即停住挂入倒档，利用发动机的牵阻力，配合点制动，保持方向盘正直，慢慢退回到坡下。

2）下陡坡注意事项和上陡坡一样，方向必须保持直线。一般将变速杆挂入低速档，松开离合器踏板，轻踩制动踏板（如果是坡太陡，发现有侧滑，应马上松开制动踏板，并轻踩点加速踏板）。如果是连续的多个陡坡，则车辆一定要先把车身摆直再进入下一个陡坡。

57 泥泞路面驾驶

在泥泞的上山路面行驶时，要保持均匀的速度，且不要太快，将方向控制好。当出现转弯侧滑或甩尾时，应用力踩加速踏板，然后立即松开，反复做几下这个动作，同时把方向调整到需要的位置，当调整过来后继续保持可控的速度匀速行驶。

在泥泞的下山路面行驶时，要是速度过快往往会出现侧滑或甩尾，严重时会方向失控冲下山。所以下山时必须保持慢下，当车辆在极其湿滑的山路转弯时，出现漂移失控时，也应立即采取急踩加速踏板和急收加速踏板的动作来调整方向，但踩加速踏板的力度不要太大，基本在原来的速度上轻点轻收。并且车辆尽可能靠山体行驶，切不可靠山边行驶，出现紧急情况向山体打方向盘，以免车辆滑下山。

在一般的泥泞路面行驶时，将变速杆挂入2档或3档，稳住加速踏板，让车辆保持恒定车速可顺利通过。在硬底的烂泥路上保持一定车速前行时，虽然紧握方向盘，车身仍略呈蛇行浮游，这种情况只要是不偏离车道就没有太大关系。在软泥地的前进中，若发现一旁有地面下沉情况，致使车身倾斜又无法迅速通过时，通常是倒车后，在路沟上放置石块、木板等硬物，然后挂低速档通过。如果泥地的距离很长，保持一定速度的冲势就显得很有必要，在行驶过程中，若有小的横阻硬物，都可以直接碾过。此外坡地泥地往往使车辆打滑，加装防滑铁链可以改善部分情况，使用抓地性能较强的轮胎，减小轮胎的气压也有助于减少打滑现象。但如果遇到沼泽地，车辆一旦不慎驶入，不论使用何种方法，车辆都会慢慢下沉，那时只有迅速求助外援协助拖离。

【编者提醒】

一些没有经验的驾驶人在泥泞路面行驶时，往往喜欢驶离正道或往两边开。因为这些地方看上去更干燥一些，而且位置更高，似乎更安全一点。但别被假相骗了，一旦驶离之前车辆留下的轨迹和车辙，车辆就会像脱缰野马，很容易滑到路旁的树丛中去。道路两旁的地面通常会更软，甚至更泥泞，这是因为这些地方少有车辆开过，还没被车辆压实。所以还是要盯牢路面，这样你会处于有利地形。

58 沙地驾驶

沙地主要指海滩、沙堆、沙漠、流动沙丘等地形。

车辆在一般海滩的湿沙上行驶还是非常容易的。但有时候海滩或沙滩看起来很坚实，下面水分却过多，在这种情形下行驶，就可能和泥泞的路面差不多，车轮打滑时很容易在沙滩表面形成坑面，车辆就可能陷进去，并且越陷越深。

在散沙上行驶，最好跟随其他车辆经过时留下的车辙。如果没有这样的痕迹，那就一定要下车亲自查看地面，然后再将车开过去。在经验和直觉的引导下，你会知道如何通过方向盘的感觉来判断地面的状况。

在沙漠上开车要遵守一条法则，即不要做很猛的动作，如不要突然起步、突然加速、突然转弯、突然制动等。这些动作可能使车辆陷住或造成翻车。制动在沙地上非常管用，但这样会导致轮胎陷进沙地。等想继续前行时，就会发现车子已经陷进沙子里去了。其实只要松开加速踏板，就会有足够的自然制动力。起步时应当慢起步，根据当时车子起动的速度慢慢踩加速踏板，逐步提起车速。

如果要开车爬沙丘，加速一定要有技巧，上坡时，即使陷住了也容易解脱。只要不让离合器过热或加速过猛，车辆一般不会损坏。爬沙坡时最重要的是采用适当的速度，适当的加速是保证车辆不被陷住的关键。

59 冰雪路面驾驶

在冰雪路面驾驶车辆时，最重要的是要降低车速。具体地说，还要特别注意以下几个方面。

1）在冰雪路面上起步时，应缓踩加速踏板、慢抬离合器踏板。

如果在起步时出现车轮打滑的现象，可挂入比平时高一级的档位，如SUV可用2档起步。松开离合器踏板时要比平常慢点，调整传动力的大小最好用半离合的幅度来解决。踩加速踏板的力度要比正常情况下起步时小点，只要发动机不熄火就行。一旦车轮已经转动起来，立即换入低一级档位，就可以正常加速行驶了。特别是在坡路上起步，一旦起步发生侧滑，要充分利用紧打方向盘的办法来纠正。如果汽车仍不能起步，则应当在驱动轮下铺撒沙土或杂草等物，增加车轮的附着力；如果车辆起步后出现溜车的情况，就要及时踏下制动踏板停车，然后重新起步。

2）在行车中，要始终保持低速平稳

驾驶。

因为制动距离会随着车速的提高而加大，所以控制车速和与前车保持较大的安全距离是冰雪路面行车的关键。一般来说，城市道路应将速度控制在 10 公里 / 小时左右，郊区普通公路也不应该超过 15 公里 / 小时，要视道路和交通环境而定。关于保持较大的安全距离，具体地说，多高的行驶速度，就要保持多长的安全行车距离，如3 0公里 / 小时的速度，就要保持 30 米长的距离。如果车辆行驶速度过快，两车之间的安全距离短，一旦遇紧急情况后果不堪设想。此外，在冰雪路面长途行驶时，驾驶人应该戴上有色眼镜，并随车携带防滑链、三角铁等防滑用品。

3）冰雪路面上禁忌急打方向盘。

当需要转向时，也要先减速，适当加大转弯半径并慢打方向盘。双手握住方向盘操作要匀顺缓和，否则就会发生侧滑。特别是在山区的公路上，有时冰雪路面是间断的，打方向盘时，最好提前采取措施在间断处完成。如果在冰雪路面上急打方向盘，则很可能因侧滑横在路上或冲出路基，发生重大交通事故。

4）在冰雪路上行驶，尽量少踩制动踏板。

在冰雪路面行车不准空档或者熄火滑行，需要减速停车时，应先利用发动机的牵阻制动进行减速，使发动机转速迅速下降，迫使驱动轮转速降低。无论是否带有 ABS 的车型都应该这样做。

5）超车也要有学问。

冰雪路面上行车最好不要超车，跟在前车后面谨慎行驶。因为前面的车已将雪地轧出了冰辙，所以要更加小心！最好让冰辙夹在两轮之间绕过去。如果要超车必须变更车道时，千万不要急打方向盘，缓慢地驶出冰辙后再超过去。

6）应保持车辆前后风窗玻璃的良好视线。

雪天行车之前，首先要检查刮水器和玻璃清洗液是否正常。因为车顶上的雪融化后会从前风窗玻璃上流下来，前车行驶中甩起来的泥污也会溅到风窗玻璃上，这时，就要喷玻璃清洗液用刮水器刷干净，才能保持良好的行车视线。行车中，还要把后风窗玻璃的电热除雾器打开。如果后风窗玻璃结雾，就会阻碍后视镜的视线，驾驶人不好判断后面车辆的情况。前风窗玻璃和后视镜两侧

的玻璃上如果结了雾，可以打开车内的暖风开关，大风量吹散玻璃上的雾气。千万不可手里拿着棉布或毛巾等物擦拭玻璃上的雾气，否则就可能因为一个小动作引发车祸。

7）会车时要保持较大的横向安全距离。

冰雪路面行车进出主路、通过十字路口、左右转弯、双方会车，以及遇有行人和自行车时，要充分顾及他人，礼貌让行，始终保持较大的横向安全距离。特别是一些新驾驶人或骑车人行驶速度缓慢时，应该多谅解。有时，自行车和行人可能会在混合路段的非机动车道内或胡同的两侧因路滑不慎摔倒，驾驶人宁可停车让行，也不要抢道行驶，随时避免可能发生的人身伤亡事故。

【编者提醒】

车辆在冰雪路面上行驶，因汽车轮胎与路面的摩擦系数减小，附着力大大降低，汽车驱动轮很容易打滑或空转，尤其是上坡、起步、停车时还会出现后溜车的现象。车辆在行驶中如果突然加速或减速，很容易造成侧滑及方向跑偏现象。遇情况紧急制动时，制动距离也会大大延长。

60 涉水驾驶

涉水驾驶汽车与道路驾驶有很大区别。一是由于水流冲力对汽车的作用，会增加车辆的前进阻力，易发生车辆侧滑。二是轮胎与水下的路压力减小，驱动力受到限制，使行驶受阻，极易发生险情或交通事故。

1）涉水前的准备和防护措施。

汽车涉水行驶时，必须仔细查看水的深度、流速和水底性质，以及进、出水域的宽窄和道路情况，由此来判断是否能安全地通过。在确认自己所驾汽车的结构能够通过时，一般应选择距离最短、水位最浅、水流缓慢及水底最坚实的路段。如果水深超过车轮或汽车的最大涉水深度，则不宜冒险涉水。

2）涉水时的操作方法及注意事项。

① 汽车涉水时，应保证在发动机运转正常，转向和制动机构灵敏可靠的情况下进行。应挂低速档平稳驶入水中，避免深踩加速踏板或猛冲，防止水花溅入发动机而熄火。

② 行驶中要稳住加速踏板，保持汽车有足够而稳定的动力，一气通过，尽量避免中途停车、换档或急转弯，尤其是水底路为泥沙时，更要注意做到这一点。

③ 若遇水底有流沙、车轮打滑空转时，应立即停车，不可勉强进退，更不可半联动地猛踩加速踏板。应在保持发动机不熄火的情况下，组织人力或其他车辆将车推、拖出来，避免越陷越深。

④ 行进中要看远顾近，尽量注视远

处的固定目标，双手握住方向盘正直前进。不能注视水流或浪花，以免晃乱视线产生错觉，使车辆偏离正常的涉水路线而发生意外。

⑤ 多车涉水时，绝不可同时下水，应待前车到达彼岸后，后面的车才可下水，以防前车因故障停车，迫使后车也停在水中，导致进退两难。

⑥ 通过漫水路面或漫水桥时，应匀速沿固定路线一气通过。若路面或桥面经洪水冲击后情况不明，应先探明是否损坏，形成塌陷、缺口或崩塌，否则极易造成翻车。

【编者提醒】

1）过水后一定要注意轻踩制动踏板，由于制动片完全被水浸湿，此时制动效果差，适当踩制动踏板可以使水分尽快蒸发，让制动系统尽快恢复功能。

2）万一在水中熄火，千万不要强行起动，因为一旦水进入了发动机，强行起动会造成发动机的严重损坏，正确做法是把车拖离水，然后再作处理。

3）为了保险起见，在给车辆投保的时候，可以附加一些涉水的险种。

第九章
节油技巧

汽车耗油量的大小除了与车辆本身的排量大小及交通路况有关外，还与驾驶人的驾驶和用车习惯有很大关系。

61 经济车速节油

任何一款车都有经济车速，在这个速度行驶时最节油，低于这个速度或高于这个速度，油耗就会上升，再超过一定的速度后，油耗则会大幅度上升。

汽车行驶过程中的油耗，不仅取决于发动机的单位功率油耗，还取决于汽车克服行驶阻力所需的功率。当车速低时，克服行驶阻力所需功率较小，但因发动机负荷率低而油耗上升，导致每百公里油耗量增加；当车速高时，发动机负荷率高而油耗比率下降，但车速提高使克服行驶阻力所需的功率较大，也会使每百公里油耗量增加，所以汽车行驶速度较低和较高时都会增加每百公里油耗量，只有在中间某一速度，也就是经济车速时，每百公里油耗才最低。

汽车在每个档位行驶时，都有一个对应的油耗最低车速，这就是各档位的经济车速。而最节油的经济车速，是汽车核定的最高时速的 40%~60%，比如最高车速为 160 公里 / 小时的汽车，在最高档位、车速为 90 公里 / 小时左右时最节油。一般来说，经济车速在 70~90 公里 / 小时之间。保持在汽车的经济车速行驶，可以使燃油得到充分利用，不仅可以节省汽油，还能延长发动机传动系和制动系的使用寿命。

驾车时，如果路况条件允许，例如在高速公路上，则尽量将车速保持在经济车速。对于日常开车上下班的驾驶人来说，在拥堵的交通条件限制了车速，通常都会在低于经济车速的车速下行驶，这样自然油耗就比较高。

【编者提醒】

有很多人喜欢开快车，并不是为了寻找刺激的感觉，还有另外一个原因，就是他们认为高速能节油。其实这是一个极大的误区。高速和低速行驶一样，都会使油耗增加。只有经济车速，才是科学节油的行车速度。

62 踩踏板节油

我们知道，汽车在起步时，踩加速踏板的要领是轻而缓，其实在行车途中，也要轻踩加速踏板。若猛踩加速踏板，就会使耗油量增加；若突然抬加速踏板，又会使发动机转速突然降低，这样就会抵消一部分行驶惯性，从而使油耗增加。在稳速行驶时，要尽量避免不必要地使用加速踏板，应保持车辆匀速前进，这样才能很好地节油。

可以说，喜欢猛踩加速踏板，自然就喜欢时不时地踩制动踏板。我们知道，制动实质上是一种能量转化的过程，动不动就踩制动踏板，就意味着能量的无谓消耗。所以在通过交叉路口、下坡时，都应提前抬起加速踏板，行驶中和前车应保持足够的跟车距离，这样既可以从容减速，又可以减少制动次数，减少耗油量。

另外，许多人驾驶过程中观察视野不远，只注意前面一辆车的动作，而不注意前面几辆车和路两侧的情况，有时前边车减速，而他还在踩加速踏板加速，等发现前边车的制动灯亮了，他的车速刚提起来，又必须采取紧急制动。不必要的制动次数多了，油耗必然会增加。

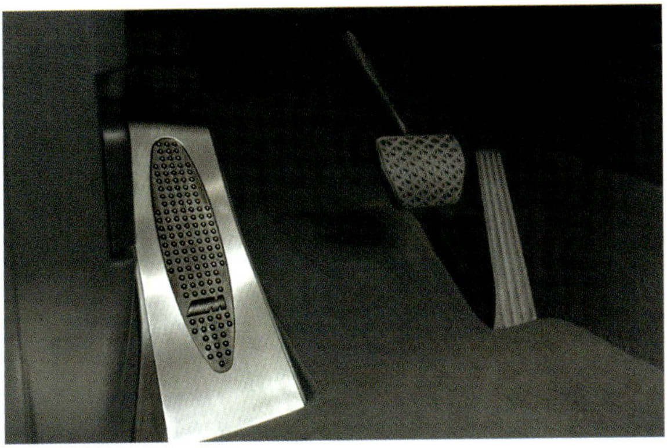

【编者提醒】

新手开车由于对车和路况不是很熟悉，因而制动次数相对校多，每次制动后为了恢复正常速度汽车都要重新加速。汽车在起动及加速时需要克服车辆本身巨大的机械惯性，因而在这个阶段经济性最差，而制动把车辆本身具有的动能在制动系统变成了热量散发到了空气中，因此，要避免频繁地制动和加速，对于前车的行为要有预判性，这样不仅节油，也减少了制动系统的磨损。

63 正确换档节油

汽车在起步及行驶过程中，应根据载重量和道路情况合理选择档位。长时间低速档行驶，传动效率不高且发动机会超过经济转速而浪费燃料。但如果提前升档则会形成拖档，发动机转速过低，输出动力不足，同样速度提起不来，不仅不省油还更浪费了燃油。所以，行车中要尽量避免长时间低速档行驶或提前升挡，发动机转速达到了规定转速就要用高速档位，并将时速保持在中速最省油。

64 行车电脑节油

现在很多轿车都装备了行车电脑，行车电脑时时计算车辆的平均行驶速度、瞬间油耗和平均油耗，并通过显示屏幕把这些数字显示出来。通过这些数据对比，驾驶人可以总结自己的驾驶方式的不妥之处，对自己的驾驶技术进行优化和改进，达到节油的目的。

65 空调节油

空调工作是增加车辆耗油的一个主要因素，发动机的一部分动力传输给空调压缩机，车辆的油耗会增加 10% 左右。因而，在天气不是很炎热的情况下，应减少空调的使用，把空调开到通风档，有天窗的车可以把天窗放在翘起的位置，有利于车内空气的流通。在天气炎热的情况下，户外停放车辆时尽量选择背阴地带，这样车辆不至于在阳光下暴晒造成车内温度过高，而且在进入车内时，先打开车窗通过自然风降温，降低驾驶室的温度，把空调的通风档开到最大，排空空调管道内的炎热空气后再打开空调，减小空调的负担。

66 关闭车窗节油

当车速超过 60 公里 / 小时后，车辆克服风阻力在油耗中所占的比例越来越大，如果开窗，这时车身的流线性不好，会增加车辆的空气阻力，不知不觉中一些汽油就被风吹走了。当车速超过 80 公里 / 小时以后增加空气阻力所增加的能量消耗超过了开空调消耗的燃料。所以，不得已空调是要开的，及时调转低档就可以了。

67 减少车内杂物节油

车辆的整备质量越轻越省油，这也是为什么日本车会相对省油的原因之一。减少车内不必要的重量是省油的好办法。很多人喜欢把行李箱塞得满满的，例如健身包、吸尘器或者杂物箱。总假想有一天会用到，但是事实上却一次也没有用过。没有它们在车上，车辆会更省油。虽然一次行驶节约的燃料并不明显，但是积少成多也不是小数目。

68 轮胎节油

胎压正常的轮胎不仅有很好的减振性，同时滚动阻力小。而轮胎气压过低，轮胎与道路接触面就会增大而增加滚动阻力，且加剧轮胎磨损。

此外，不要随意改变轮胎的大小。选择更宽的轮胎或许让车看来更“酷”，但轮胎尺寸越宽，车轮阻力越大，所以除非真的很需要那额外的抓地能力，否则就是在白白浪费汽油钱。

69 保养节油

要知道车况良好的汽车可省油 15% ~20%。根据环境情况和车型的不同，应按照说明书的要求进行保养（5000~15000 公里）。其主要内容是更换机油、机滤。由于机油与空气接触及受热易被逐渐氧化，随着油中的酸性物质、胶质、铁屑慢慢地增多，机油的颜色会渐渐变黑，粘度也会逐渐下降，到了规定的换油期则必须更换新油。如果长时间不更换机油，这些沉淀物可能会阻塞油道，增大发动机工作的摩擦阻力，不仅增加油耗，严重的还影响发动机的使用寿命。

此外，空气滤清器堵塞会引起进气量减少，从而导致汽油燃烧不充分，降低燃油效率。而汽油滤清器的阻塞也会使发动机工作异常。

第十章
安全应急

在驾驶 SUV 的过程中，如果遇到任何紧急情形，最重要的就是要保持镇定，不要惊慌失措，在短暂的瞬间做出正确的判断，采取恰当的措施。

70 应急驾驶原则

为了避免交通事故的发生或减轻交通事故的程度和损失，应急驾驶最有效的措施无非就是减速、停车或控制方向、避让障碍物两种方法。

1）重方向、轻减速。如果发生紧急情况时车速较低，并且道路交通允许的话，就应该尽可能优先考虑方向，规避撞车，同时采取有效的措施，降低车速，直至停车。

2）重减速、轻方向。如果发生紧急情况时车速较高，就不要轻易猛打方向盘避让，否则极容易造成倾翻事故。此时，应尽可能减慢车速。车速越低，碰撞损失越小，只有当减速后仍然不可避免地要相撞时，才采取转方向的避让措施，选择较轻的撞车形式。

【编者提醒】

遇到紧急情况时应该以避重就轻为原则。特别是当危及人员伤亡时，宁可损物不伤人。毕竟人是最宝贵的，物的损失无论如何也抵不上对人的伤害。

71 侧滑应急

车辆在行驶过程中，往往会由于采取紧急制动或急转弯措施而突然发生侧滑。一般来说在以下几种情形车辆更容易产生侧滑。

1）车辆的前后车轮制动力不均匀。

2）车辆各个轮胎的胎压相差较多或者轮胎使用时间长导致花纹磨损不均匀。

3）车辆在冰面、泥泞路面行驶。

4）车辆采取紧急制动，突然加、减速，或者急打方向盘。

5）通过弯道、坡道、坑洞路面时速度太快。

如果是制动过急引起的侧滑，就应该立即松开制动踏板。如果是转弯横向力过大引起的侧滑，应松开加速踏板来降低车速，同时迅速将方向盘朝侧滑一边打。例如：

1）在雨、雪天气或光滑的路面上要保持匀速行驶，不要突然深踩或松开加速踏板，切勿采取紧急制动。

2）如果是入弯前制动过度，造成车身载荷前移，车速较高、转向较晚又急于打方向盘纠正而引起的侧滑，就应该松开制动踏板，反向轻回方向盘，使驱动轮恢复牵引力。

3）如果是车速高、转向急引起的侧滑，应松开加速踏板来降低车速，同时根据车速和发生侧滑的状态，向出现侧滑的一侧轻打方向盘。

【编者提醒】

当车辆发生侧滑时，打方向盘时一定要顾及道路条件，特别是转弯时更要注意方向盘转动的幅度，以免车辆冲出路面。

72 爆胎应急

车辆在行驶过程中发生爆胎的概率很小。但发生这种情况的话，车辆往往会出现偏行现象，并且前轮爆胎时往往偏行现象更严重。

车辆的车速越高，爆胎后的危险性越大，如果处理不当，甚至会引发撞车、掉沟和翻车事故。所以掌握一些必要的处置措施就显得非常重要。

1）车辆行驶过程中轮胎突然爆胎时，驾驶人只要双手紧握方向盘，就能及时控制车辆。

2）如果车辆前胎爆胎时，往往会影响驾驶人对方向盘的控制。所以遇到前胎爆胎时，驾驶人应尽可能轻踩制动踏板，以免车头部分承受应力过大致使轮胎脱离轮圈。此时，驾驶人还要双手稳握方向盘，及时矫正汽车大幅度偏左或偏右行驶。

3) 如果车辆后轮爆胎时，车辆就会出现尾部摇摆不定、颠簸不已的现象。此时驾驶人仍要双手紧握方向盘，反复轻踩制动踏板。这样可以把汽车的重心前移，让前胎承受应力，减轻爆裂后胎的负担，只要驾驶人操作熟练，通常都可以使汽车保持直线行驶。

引起爆胎的原因一般有如下几种。

1）天气炎热或长时间行驶。

2）轮胎气压过高或汽车超载。

3）轮胎气压过低使轮胎侧壁弯曲折断。

4）行驶道路上锐利的尖物体刺破轮胎。

【编者提醒】

如果车辆发生爆胎时，切忌慌乱中向相反方向急打方向盘或急踩制动踏板，否则汽车将发生蛇形或侧滑，难免发生翻车或撞车重大事故。

73 下坡制动失效应急

车辆在下长坡行驶时，制动器往往会由于长时间使用而发热，使制动效能衰退，从而让驾驶人无法很好地控制车速，严重时还极有可能发生危险。如果遇到这种情况应采取以下应急措施。

1）合理利用紧急停车道。首先查看路边有否障碍物可帮助减速或宽阔地带可迂回减速、停车。当然最好是利用路边设置的紧急停车道停车。当在紧急停车道停车后，还不能放松警惕，要拉紧驻车制动器手柄，防止倒退溜车，出现二次险情（因为紧急停车道多修筑成大坡道）。

2）抢档减速。如果没有可利用的地形和时机，则应迅速抬起加速踏板，从高速档越级降到低速档（俗称抢档），利用变速器速比的突然增加，发动机牵阻作用加大来遏制车速，从而有利于控制车速和方向。

3）利用驻车制动器减速。如果感觉汽车速度仍然较快，可逐渐拉紧驻车制动器手柄，但拉驻车制动器手柄注意不要一次拉紧不放，以免使驻车制动器“抱死”而丧失全部制动能力。

4）停车散热和检修。当车速得到有效控制后，应选择较平坦、宽阔的地段停车散热、检修（停车后应拉紧驻车制动器手柄，并在车轮前塞垫三角木或石块等物，防止下溜）。

5）利用障碍物停车。若采取上述各种措施仍无法有效控制车速，事故已无法避免时，就应该果断将车靠向山坡一侧，利用车体一侧与山坡靠拢摩擦，若山坡无法与车体碰擦，在迫不得已的情况下，则只能利用车前保险杠斜向撞击山坡，迫使汽车停住，以求大事化小，减少损失。

74 转向失控应急

车辆行驶中也有可能由于横、直拉杆球销脱落，或转向杆断裂等原因，突然转向失效。此时应该以尽量减轻损伤为原则，采取以下应急措施。

1）如果车辆仍能保持直线行驶状态，前方道路情况也允许保持直线行驶时，切勿惊慌失措，采取紧急制动。正确的措施应该是轻踩制动踏板，轻拉驻车制动器手柄，让车辆缓慢、平稳地停下来。

2）如果车辆已偏离直线行驶方向时，事故已经无可避免，则应果断地连续踩制动踏板，使汽车尽快减速停车，以尽可能缩短停车距离，减轻撞车力度。

75 撞车应急

车辆碰撞无非有正面碰撞、侧面碰撞和追尾碰撞等几种。如果车辆在行驶过程中出现无法可避免的撞车时，驾驶人就务必要保持镇定，迅速判断碰撞后果，果断采取以下应急措施，选择撞击部位和方式。

1）刮擦碰撞。当汽车有碰撞可能时，首先应控制方向，顺前车或障碍物方向，极力改正面碰撞为侧撞，改侧撞为刮擦，以减轻损失。刮擦时，车门最易脱开，这时身体应稍向右侧倾斜，双手拉住方向盘，后背尽量靠住座椅后背，稳住身体，避免被甩出车外。

2）右侧碰撞。若碰撞部位在右侧，撞击力尚小时，双手臂应稍曲，紧握方向盘，以免肘关节脱位，身体向后倾斜，紧靠座椅后背，同时双腿向前挺直抵紧，使身体定位稳定，不致头部前倾撞击风窗玻璃，胸部前倾撞击方向盘。

3）正对驾驶人座位碰撞。若撞击部位接近驾驶人座位或撞击力相当大时，则应毫不犹豫地抬起双腿，双手放弃方向盘，身体侧卧于右侧座位上，避免身体被方向盘抵住受伤。

76 倾翻应急

汽车倾翻一般都有先兆预感，当感到不可避免地将要倾翻时，就应采取以下应急措施。

1）稳住身体。当汽车倾翻力度不大，估计只是侧翻时，双手紧握方向盘，双脚勾住踏板，背部紧靠座椅靠背，尽力稳住身体，随车辆一起侧翻。而当车辆倾翻力度较大或路侧有深沟，有可能连续翻滚时，则应尽量使身体往座椅下躲缩，拖住转向杆，避免身体在车内滚动受伤。

2）跳车。当发生缓慢翻车有可能跳车逃出时，应向翻车相反方向跳车，以避免跳车后被滚翻的车辆碾压。落地前双手抱头，蜷缩双腿，顺势翻滚，自然停止。不要伸展手脚去强行阻止滚动，反而可能加剧损伤。

3）甩出车外。如果在翻车时感到不可避免地要被抛出车外时，应在被抛出的瞬间，猛蹬双腿，增加向外抛出的力量，借势跳出车外。跳出车外落地后，应力争双手抱头顺势向惯性力的方向多滚动一段距离，以躲开车体，增大离开危险区的距离。

77 火灾应急

车辆火灾通常发生于吸烟、电线短路、撞车或翻车时。发动机火灾大多数是燃油被明火或过热的排气管点燃而引起的。如果发生火灾，则应该采取以下应急措施。

1）当车辆发生火灾时，若附近有加油站、建筑物、高压电线、易燃物品、树林等，则在可能条件下，先将汽车移往较为宽阔、空旷地段，再设法救火。

2）逃离注意事项。

① 逃离前，首先关闭点火开关。

② 逃离时如果无法打开驾驶室门，要击碎风窗玻璃逃离。

③ 当火焰逼近且无法躲避时，应用身体猛压火焰冲出。冲出时，要注意保护裸露的皮肤，不要张嘴呼吸或高声呼喊，以免烟火灼伤上呼吸道。

3）及早脱去化纤类衣服（易燃品，燃烧后会粘在皮肤上），否则不要接近火源，已经粘在皮肤上的衣服不要撕扯，以免将表皮一起撕下，细菌很容易侵入。

4）救火。

① 如果是发动机着火，尽量不打开发动机盖，而应该从进气格栅、散热器及车侧、车底灭火。

② 及时采用灭火器灭火，或用现场的砂、土掩盖，或用棉被、衣服浸水扑盖，也可用篷布蒙盖，使其窒息。

③ 灭火器要瞄准火源，而不是火苗。

④ 灭火时，人要站在上风口。

⑤ 油类着火，不能用水灭火，否则会使火势蔓延更大。

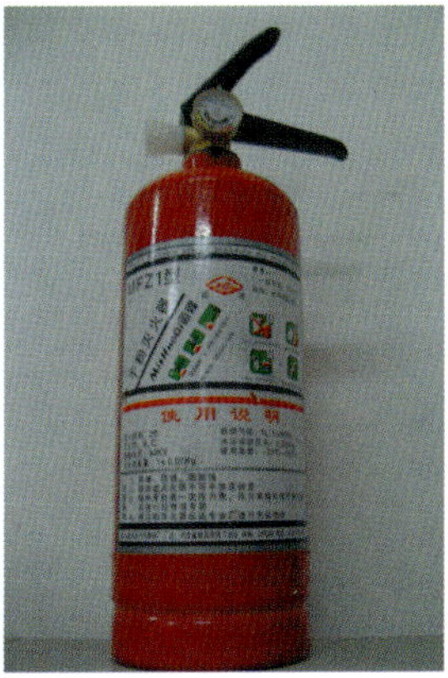

第十一章 自驾出行

自驾出行既可以体验开车乐趣，又可以观赏自然风光，还有就是领略不同的人文风情。同时一定要做好和掌握一些以下的准备工作和注意事项。

78 制定路书

选择好的目的地和旅行路线，再精心地制定“路书”是自驾游开始前首先要准备的功课。

路线具体要怎么制定和选择，要根据自己的爱好、假期时间和驾驶技术及爱车的类型来确定。而作为最基本的一条规律就是选择路线时，最好避开旅游热点，如果非要去，也最好算好人多与人少之间的时间差，也就是说如果你选择在黄金周前后出行，就一定要提前一些或者推后一些，只有避开了熙熙攘攘的游人，自驾游才能乐趣无穷，领略到独特的风景。

在确定好旅行的目的地和时间后，就可以开始制定“路书”了。“路书”就是详细的自驾车旅行计划，也可以说是自驾车旅行的脚本，就像我们每天给自己制定的小计划一样。要规划好自己每天的行程安排，开车路线，越详细越好，途经地点、里程、道路特点都不要轻易放过，如果能加上沿途的景点简介、周边饭馆旅店的详细信息就更好不过了。

"有备无患"才能保证自驾游充满快乐和刺激。

准备"路书"时，用一本比较详细的交通地图册来选择行驶路线，计算行驶里程。这里不建议你用GPS来代替，它只能给你指引方向，却不能给你更多的信息和建议。另外，最需要的就是上网查找相关资料，一方面你可以自己搜集一些关于目的地的信息，不至于被别人哄骗。另一方面，就是参考一下之前去过的人们的经验和建议，这些资料在热门的门户网站和一些专业的旅游网站都能找到。这对我们了解风光景致、当地人文风俗、目的地的气候特点，都会有很大的帮助。在拥有了原始材料的基础上，就可以轻松地找到自己所需要的东西了，也可以从中做出选择，制定出专属自己的自驾游路线。

另外，由于整个自驾游往往要好几天，那么每天行程的多少，就要根据道路情况、沿途景点和我们自己的身体精神状况而定了。一般来说，即使在路面条件良好的情况下，一天的行程最好不要超过600公里。但是这并不是固定不变的，毕竟自驾游寻求的就是驾驶所带来的兴奋和刺激，以及无拘无束的自由感觉。

【编者提醒】

由于外出的过程中，会有各种意外发生，路况、天气或车辆本身故障都会耽搁我们的行程，所以最好不要把整个假期的每一天都安排上，应留有一到两天的机动时间，而整体日程安排上，也应该本着前紧后松的原则来安排。这样，不会有太大的压力，也不会让整个自驾游太辛苦。

79 出发前的准备

凡事只有做好各种准备工作才能收获意想不到的结果，也才能更充分地享受整个经历，自驾游也不例外。所以在自驾出行前准备得充分一些，就能够更好地体验自驾出行的快乐而没有顾虑。

1）设计好旅行线路后，在选择行车路线时应遵循先高速公路，其次是国道的原则。同时还要对路况、饮食、住宿、加油站等所在位置心中有数。最好事先预订好酒店床位，可以通过旅行社、找当地朋友，或通过网上的旅游服务信息预订。

2）一定要确保爱车的动力是充足的，在出发前一定要全面检测车辆，加油要及时。在旅途中，遇到较好的加油站要及时加油，建议油表指示低于中线就做加油打算，不要等到油表指示到底再加。因为这样首先对油泵不好，其次出门在外，很难掌握下一个加油站的位置和油质。在旅行前，自驾车朋友可以购买几瓶汽油添加剂备用，在不得不加低标号汽油或者感觉油质难以保证时，可以在加油前先加入，尽量减轻可能对爱车造成的损害。

3）切莫疲劳驾驶。由于自驾游一般都需要长途驾车，而且到达的地方一般也是出行者比较陌生的地方，因此经验人士提醒，初次出游的车友最好是结伴而行，不要单独出发。这样大家可以替换着开车，替换着休息，如果遇到意外状况，也会有个照应。如果能带一个有自驾游经验的朋友一同出发，是再好不过的事情了。自驾游的自由有可能会让我们放松对自己的要求，甚至会打破日常生活中的一些戒律。为了你自己的安全，为了一起出游人的安全，也为了其他路上同样出游的人的安全，还是严格要求自己吧。

4）停车要注意安全。旅途中为图方便随便在路边乱停车，容易导致汽车被盗或被扣。尤其是在高速公路上，更不能掉以轻心。停车时一定要注意安全，在有停车场的地方一定要把车停到停车场，不要在路边乱停放。如果需要停车又没有停车场，最好是留人在车上看管财物。在到达旅游景区后，也要将车停到指定地点，熄火后紧拉驻车制动器手柄，将车头朝向利于游玩后出走的方向，以免走时车多移不出来。

80 自驾时加油

不少车主自驾旅游，由于各地的汽油品种和品质都有一定的差别，所以自驾出行在外加油需要注意哪些问题？下面给大家说一些需要注意的地方。

1）汽油最好不要混加。汽油混加其实对汽车本身不会造成明显的影响，不过车主应该尽量不要混加汽油。因为汽油是混合物，平时所接触的汽油标号是指汽油的辛烷值不同，93号和97号的汽油混合，辛烷值在两者之间，所以对发动机的影响不会太大，但是要保证车辆安全，最好不要混合加油。据介绍，汽车出厂前，对燃油添加是有明确规定的，添加汽油的型号取决于发动机的压缩比，如果你的爱车规定加高标号油而不小心加了低号油，发动机会产生爆燃、功率下降、冷却液温度升高，工作时伴随金属敲击声。不过车主也不用过分担心，只要下次加油的时候依然加高标号的汽油就可以恢复正常。还有些车主认为加高标号油可以提升动力，这种情况是没有必要的，因为发动机的压缩比达不到标准，即使再好的油也不会发生作用。最多可以低碳一些，清洁一些，当然这些效果都不那么明显。混合加油过后要进行油路清洗

2）添加完甲醇、乙醇汽油，建议

进行油路清洗。很多人去外地游玩免不了会遇到甲醇、乙醇汽油，这些汽油都在国家规定的地方封闭推广，当你到这些地方加油，也无需过度担心混合加油会给爱车带来什么伤害，这些汽油的混加也不会给发动机带来什么伤害，但是一定要选择像中国石化、中国石油这种信誉好的加油站加油，避免在一些路边小加油站加入掺水的汽油或假冒劣质汽油。由于乙醇和甲醇都有亲水性，遇水容易导致油品变质。因此混加后要记得找个地方对燃油系统做一次彻底的清洗。

3）切勿将柴油与汽油混合使用。有些车主由于一时大意，将柴油和汽油混合使用，这样做的后果是很严重的。因为两种油的燃烧方式是不同的，混合添加后，汽车可能打不着火，此时如果强行点火可能导致车辆报废，所以当你不小心加错油，应立刻联系厂家或维修厂清理油箱和燃油系统，检查发动机，以尽快躲避危险。

81 自驾时的安全

1）全面检查后再起动。每天出发前，要对车辆进行一次全面的检查，包括有无漏油、漏液情况，轮胎的气压是否合适，油箱油量是否足够支持到计划加油点，备胎是否完好等，起步之后，先挂 2 档低速行驶，踩制动踏板检查一下制动是否正常工作，确认一切正常才可以转入正常行驶。

2）2 小时换一次驾驶人。长途驾驶，首先应该避免疲劳驾驶，疲劳驾驶是造成意外的主要原因之一。有副驾驶的，每 2 小时轮换一次为佳，如果感到困倦之时，应该停车小歇片刻，千万不要勉强赶路。

3）切勿高速行驶。高速行驶出事的情况已不用多说，所以出行一定要遵守交通规则，特别是在高速公路上，不要超速驾驶，我国高速公路是按照一定车速标准设计的，超速不但可能被交警处罚，更重要的是不安全。

4）过弯前要减速鸣喇叭。山道驾驶，往往弯多且急，此时切不可在弯道超车或在不清前方有无来车的情况下占道过弯，过弯前要减速鸣喇叭。

5）山路行驶要靠山行。在狭窄崖边山路行驶时，切记靠山边行驶，因为崖路边沿随时有坍塌的可能，比较危险。而如果是车队通过落石区时，应该拉开 30 ~ 40 米的距离通行，期间尽量不要按喇叭和猛踩加速踏板，以免引发落石。

6）下长坡切忌制动器使用过热。经过下长坡时，一定注意避免发生制动器因长时间使用导致过热失效，手动档车可以用挂入低档位，利用发动机制动来避免车速过高，不要挂空档滑行，如仍需长时间踩制动踏板，则应行驶一段距离后停车让制动器冷却后再前进。

7）不开斗气车。任何时刻都不开英雄车和斗气车，特别是避免和当地车辆斗气，礼貌行车，心平气和地驾驶车辆，减少意外发生的机会。

8）不要在弯道停车。路遇美景停车欣赏拍照时，要注意道路条件是否允许停车，千万不能在弯道停车，停车时要留下足够宽的道路供后车通过，不要停在道路中间。

9）避免夜间行车。出游要尽量避免夜间行车，如确需夜间行车，要特别注意下面几点：

① 旅途夜间行车要注意从左侧横过道路的行人，常常有行人从车队的车缝中间跑出来自左向右穿越道路，这时如遇对面车开远光灯，驾驶人很难在远处就发现。

② 会车时主动转近光灯，不要用远光灯照射对面来车，如果自己被来车远光灯照射而无法看清路面情况时，要停车等待能看清路面情况再继续前进。

③ 夜间由于视野受限，无法像白天一样观察整个道路及周边环境，因此一定要限速行驶。

10）不宜冒险涉水通过。外出时如遇道路水浸情况时，要了解水深情况和水底路况后，看是否超出车辆的通行能力，对轿车来说，水深超过汽车轮胎高度一半时，不宜冒险涉水。涉水时，应挂低速档，使车从岸上平稳地驶入水中，以免水花溅起。在行驶中要保持发动机有足够的动力，避免中途停车、换档或急打方向盘。上岸后，低速行驶一段路程，并轻踏几次制动踏板，让制动蹄片与制动鼓发生摩擦，使附着的水分受热蒸发，待制动效能恢复后，再转入正常行驶。

11）油量不能少于油箱的 1/3。长途行车时，一定要留意油量，应保持车辆油量不少于油箱的 1/3，同时应该整个车队同时加油，加油时应尽量选择在县城以上城市内加油，在西部加油时，应该选择加油站最高标号的油。

82 自驾装备

首先应该明确自己行程路线，根据自己的游玩计划有效地准备出行物品，自驾游随意性较强，自己想到哪休息就到哪停，花费自然就会较高，所以盘缠肯定是要带够的，还有在你出发之前你的座驾肯定是要去做一次维护、检查之类的，行李方面只要带好自己的一些衣服和一些感冒药、腹泻的药就足够了，自己的各种证件、车辆证件等。至于加油倒是不必太担心，一般的道路两旁都有很多的加油站，只是在高速上如果油只剩一半不到，遇到加油站的时候建议还是赶紧把油加满，以防万一。

至于自驾装备类的拖车绳、工兵铲、千斤顶、扳手、折叠水桶、警示牌等也应该尽量准备。在条件允许下带上 GPS 电子地图，不然至少也要带一张路线地图，将能为出游在外的你带来意想不到的方便。这些装备现在网购很方便，一些旅游网站就有很多自驾游用品与资讯，可以了解一下。平时也可以上一些自驾类的论坛看看别人的自驾经验，相信你会受益匪浅的。

【编者提醒】

装备准备齐全后，在出发前手机一定要充好电，自驾游能与他人保持通信很重要（可以买个车载充电器）。

83 单车出游

每年都会有自助游遇难事件的报道。在感到深深的惋惜和难过的同时，也引发了人们对自助游的争论。与徒步探险类似，其实单车出游也会面临种种危险，单车出游，路遇险境，你准备好了吗?

无论是徒步穿越还是单车越野，孤军作战在野外的危险性都是一样的，所以能结伴出游的还是要多凑些人，安全系数也会高些。如果实在喜欢单打独斗，那不妨看看以下建议吧。

一是保持车况良好。没有什么比在荒郊野外遇到坏车更沮丧的事了，前无援手后无救兵，这时你只能做的只有寄望于4S店的救援人马早些降临了。如果你驾驶的是越野车，而进到的又是人迹罕至的山沟里，那就准备好在车里过夜吧。说到过夜就不能不说建议二，那就是带齐出游用品，这包括充足的食品、水、毛毯、急救包、车载电台、GPS、千斤顶、备用油、拖车带等，如果是越野车还要有绞盘、沙铲等必要用具。

下面就一一讲讲这些物品的用途。当绞盘、拖车绳还有沙铲都无法自救的时候，充足的食品和水会为你赢得更多的时间，即使是在山里过夜也不用担心被饿晕，而有了体力就可以干剩下的事了。一般山里的信号都不太好，这时手机如果不起作用那就轮到车里的电台登场了。433.000MHz 是国际通用的紧急呼救频率，在紧急情况下任何人都可使用这个频率进行呼救，而 438.500MHz 是无线电爱好者的通联频段，另外各个俱乐部也都有自己的通联频率，在自驾车出游前最好多记几个，这样遇到问题后可以借助多个渠道发出求救信息，而得救的时间也能缩短些。GPS 就更有用了，遇到情况后东南西北都说不清，那无疑加大了救援人员到现场的难度，即使说明白了方向，想在荒山野岭定位 5 公里以内的车辆，不比在朝阳区找个人容易，所以如果这时有准确的坐标肯定会加快你获救的进度。跟外界联系上以后能做的就剩等待了，这时要尽量节省汽油和体力，车载电台的耗电量可不低，不要长时间在熄火状态下使用电台。但总着车又会加快燃油的消耗，所以这时最好隔一段时间交替起动车辆，既能节省燃油又不会把蓄电池的电耗尽与外界失去联系。此外备用的汽油不到紧要关头尽量不要使用，如果是寒冷季节的话也不要总靠车里的暖气取暖，毛毯才是更节能的选择。

【编者提醒】

有了这些准备，虽然不能保证你单车出行的零风险，但至少大大降低了危险发生的概率，毕竟探险没必要冒险，有备而来总好过匆忙应对。

84 山区自驾游

如果你自驾游的目的地选择了山区，那最好记下这一条，你的安全是最重要的，在陶醉于美丽的景色的时候，切不可忽视安全的重要性。

选择山区出游，不同于热门的旅游目的地，保障工作不会那么充分。所以在出行前，你要花更多的时间去了解目的地的交通特点及天气情况，并且要对爱车进行一次彻底、仔细的检查和保养，尤其是制动、转向、车灯、轮胎、机油、散热器等关键部件，确保万无一失。

到山区去，必须具备一定的驾驶技巧。比如，行至山区转弯路段或视野不好的盲区，一定要靠右侧行驶，并提前鸣喇叭，千万不要超速、超车或驶入逆行，因为对面随时都有可能有来车，到那个时候就来不及躲避了。另外，驾驶手动档车辆，车主要根据车速和上坡道路坡度情况及时换档，保持发动机合理转速和最佳动力输出，而下山路时要控制车速，切记不要空档滑行。

在山区也会遇到堵车的情况，如果发生这种事情，一定要按顺序停车等候，不要盲目抢行，以免车辆堵死无法疏通。另外，行至山体旁易发生落石的地段时，要注意观察和尽快通过。也就是说，在驾驶的过程中，没有什么是可以让你忽略的，只有这样，才能保证你的出行是安全而顺畅的。

而对于自驾游经验还不是很多的出游者，建议最好选择正式开放的景区景点出游，不要为了满足自己的猎奇心理就跑到野景野游了。因为这些地方的道路交通、旅游设施等方面都还暂不具备安全条件和保障，发生危险的可能性较大。

【编者提醒】

在旅游旺季，公安交通管理部门也会在旅游路线及景区加派警力进行维护和保卫，并与有关部门保持联运。所以最好自觉服从民警和管理人员的指挥疏导，严格遵守沿途交通标志。这样既能免去不必要的麻烦，也能确保自己的出行安全。

85 注意孩子安全

自驾车出游，自然少不了带上家里的小宝贝。经常在路上看到这样的情形，一些小孩子坐在前排乘员座椅上；或是站在前排乘员座椅前与驾车的爸爸、妈妈说笑，或是自己玩耍，这实际上是非常危险的事。尤其现在很多好车在前排乘员座椅上都配有安全气囊，这就更要引起人们的重视。

小孩子坐在前排乘员座椅上，又不系安全带，如果来个紧急制动，搞不好就是头破血流，即使轻轻碰到了，也会伤着他们的“细皮嫩肉”。再就是安全气囊的问题，对小孩子来说，安全气囊并不安全，反而是个致命杀手。安全气囊在瞬间张开的爆发力足以轻松击断小孩子的颈椎，这可不是耸人听闻，即使在汽车安全技术很高的国家也曾发生过多起因气囊突然爆发，而小孩子又坐在前排乘员座椅上，而被炸得血肉模糊的案例。

而抱着孩子乘车对孩子来说也是十分危险的。大人们自认为将孩子紧紧地抱在怀中就会平安无事，其实不然。一些交通安全的研究显示，48 公里 / 小时的车速下的碰撞，足以在一个 7 千克重的幼儿身上产生 140 千克的前冲力，那相当于一个幼儿体重的 20 倍，其后果可想而知。

于是，这就提醒我们，要有儿童就必须坐后排座椅上，确切地说，就是12岁以下儿童，必须坐后排座椅。如果孩子很小，还不适合系安全带，为安全起见，那还需要为其准备一个与其身高和体重都适宜的儿童汽车安全座椅，在选择安全座椅时要着重考虑座椅的安全性，至于其他什么辅助功能都在其次。

现在一些汽车专卖商店有很多的儿童座椅可供选择，价格从几百元到几千元不等。在挑选、安装儿童座椅的时候要注意以下几点：

1）要选择与儿童身材相当的儿童座椅。

2）要选择与汽车相适配的座椅。

3）从安全系数角度考虑，儿童座椅要安装在后排座椅上。

4）安装儿童座椅时一定要牢固。

就目前市面上一般儿童安全座椅来说，简单地可区分为三类：

1）婴儿用卧床（提篮式），适合0~1岁左右（10千克以下）、还不会坐的婴儿使用，而且还有摇、提等附属功能。

2）幼童用座椅，适合1~4岁的幼童。

3）4~12岁的儿童用座垫其实只是一个可供车上安全带穿过的加高椅垫，避免儿童因为身材过小而发生安全带勒住颈部的危险。

不过现在就国内来说，还没有为婴儿和小孩买儿童座椅的概念。如果你喜欢自驾游，还是从爱护孩子安全的角度安装儿童座椅，这样才不会造成不必要的遗憾和损失。

86

带着爱犬出游

当可爱的狗儿成为我们生活的一部分的时候，就会带着它一起出去旅行，让它也能和自然有亲密接触的机会，还给它一分自由和快乐。然而，带着爱犬出游，也不是什么轻松的事情，有好多事情是需要学习和注意的。

有些人图省事，直接把狗放在前排乘员座椅的位置上，这其实是不对的。虽说可以一边开车，一边和狗儿交流，但是这样做是很不科学的，同时存在着安全隐患。无论你的爱犬体形大小，人用安全带都不能很好地保护它，而驾车出游多半去郊外，路远车速快，紧急制动的时候很容易把狗弄伤了。而且，如果狗调皮的话，也会影响驾驶人安全，容易发生危险。所以，你应该把自己的爱犬放进航空箱，放在后排座椅上。大型犬则直接放在后排座椅上，开车的时候注意控制车速，尽量避免紧急制动。

到了目的地，郊外的美丽会让狗儿不自觉地变得特别激动。这时，不少主人会放任它四下疯跑，由于久居都市的狗们已经少了些许野性，于是很容易造成骨折等意外伤害。所以，你应该先用牵引带领着它转转，让它熟悉一下环境，之后选择一个比较平坦的场所让它运动。如果是到河边，就更要让它做足了准备运动再下水，下水前要解开牵引带，同时要对水质进行一下考察，不要让狗儿在不干净的水里撒欢。

【编者提醒】

一般的餐厅不允许客人携带动物进入，于是主人便把狗关在汽车里。事实上，汽车并不是保险箱，在阳光的暴晒下，车内温度会急剧升高，这样的环境也许仅仅半个小时就会要了爱犬的命。所以，如果你决定了要带着爱犬一起出游的话，你最好自备干粮，和爱犬在树阴下享受郊外午餐，而车子则最好停在有阴凉的地方，避免太阳暴晒造成车内温度过高。

87 那些路上的小事故

常在河边走，难免会湿鞋，开车难免不出事故，尤其是在自驾游的过程中。因为各种路况都会遇到，各种驾驶水平的驾驶人都会遇到，所以路上的小事故就成了家常便饭。如果你在出游的过程中真的遇到了，千万别不知所措，现在就教教大家如何处理这些路上的小事故。

1）双方要明确责任，尽量做到大事化小。发生了交通意外后驾驶人不要慌，熄车后同时开启示宽灯和危险警告灯，如果是后车还应该在行驶方向的后方100米处设置警告标志。然后下车检查双方车辆损失，如果只是小刮小蹭，希望双方能够握手言和。如果是责任明确又没有太大损失，如追尾、刮蹭等，双方当事人也可以在明确责任后将车挪到不妨碍交通的地方协商解决。而对于有车辆第三者责任保险的当事人如需要获得保险公司赔付的话，也可先行将事故车辆移至路边，等候交警开事故认定单。

2）要保护好现场，如果有伤者的话，要先抢救伤者。如果是较大的交通事故，或是与行人发生了碰撞，责任难以分清的情况下千万不要随意挪动现场，以免影响警察的判断。如果是雨雪天气发生了事故，还应阻止围观群众进入现场，保护痕迹与物证完好如初。关键证据还要用防雨布或其他防雨物品将现场遮盖起来，以便处理事故的交通民警正确地勘察取证，然后报警等候警察到场。而对于伤情较重的伤者一定要先行将其送往医院抢救。

3）等待警察，然后配合处理。车辆驾驶人在发生交通事故后迅速报警是驾驶人的一项法定义务。车辆驾驶人在发生交通事故后应该如实迅速地将事故原因、地点等详细资料报告给交管部门，以便使公安机关交通管理部门及时了解情况，立即赶赴事故现场，迅速处理交通事故、恢复交通。

88 自驾后车辆的保养

在尽情出游放松身心后，自然要为爱车做个全面体检，陪你走南闯北地跑了几千公里的路，回来后可得好好待它。以下是长途归来后需要着重检查的十大零部件。

1）轮胎。汽车轮胎在出厂前都会在胎侧标有磨损标记，用“△”符号表示，它是轮胎磨损的警告标志。一般经过长途行驶后，我们可以先目视检查一下磨损标记，看看四条轮胎是否有极限磨损。轮胎的磨损指示不仅是轮胎安全行驶的保证，而且还可作为检察轮胎是否正常磨损的依据。如果四条轮胎的花纹和磨损标记都没有问题，而且行驶起来也没有跑偏或异常抖动，那么您就可以继续放心地用车了。不过还有一点需要特别注意，那就是如果一条轮胎已经反复修补过三次以上，或者胎壁进行过

修补，那建议您最好还是更换掉此条轮胎，因为这时的轮胎安全性已大幅降低。

2）制动片。长时间高速行车，山路的频繁制动，还有高温环境下使用，都是加剧制动片磨损的重要因素，所以假期经常跑山路的车主们回来后一定要检查一下爱车的制动系统。

检查制动系统主要有三个步骤：

① 听制动时的声音，有无异响。

② 感觉一下制动力是否充足，踩下制动踏板时的高度与新车有无明显区别，一般磨损严重的制动系统在采取紧急制动时会明显感觉踏板位置低。

③ 查看上次更换制动片的时间以及里程，一般手动档车型的制动片每 5 万公里左右才要更换，而自动档车型的会适当提前。当然，制动片的磨损还与驾驶人的驾驶习惯、路况等有着很大关系。

3）燃油箱及油路。一些车主在外

地旅游时给爱车加入了乙醇汽油，其实国家认可的达标乙醇汽油本身并不毁车，相反乙醇还具有良好的清洁分散性，因此原来粘在油箱壁上的胶质等杂质会被冲洗掉。但是，如果这些杂质堵在了汽油滤清器或喷油器就有麻烦了，这时会引起车辆怠速不稳、加速无力、起动困难等症状。所以在长途归来后应立即更换汽油滤清器滤芯，视车况清洗喷油器，以保持爱车的最佳状态。

4）散热系统。长途行驶后一些树叶、灰尘、污物等很容易附着在散热系统上，如果不及时清理这些污物会让散热系统的工作效率下降，引发机械故障。所以，长途行驶后除了正常的洗车外，还要关注一下这些部位，如果发现污物可以到服务站用高压空气配合清水彻底清理，以保证车辆的最佳工况。

5）底盘机械部分。汽车是由上万个钢铁部件组合而成的，这些零件的焊接及连接部分很容易产生锈蚀，一般人却难以察觉，尤其像底盘这样的地方。一般来说，出厂前的车辆都会做一些防锈措施，但行车过程中底盘难免会发生刮蹭，而这些伤将成为最先生锈的地方。所以长途旅行回来后应首先确认，我们在旅途中是否发生过托底或其他对底盘部分的非正常伤害，如果有的话应立即到厂家指定的修理厂修复，如果没有也应该在彻底清洗底盘后对相应部位进行清洗、润滑。

6）灯光和电器。汽车在长时间运转后电器部分的负担也会比平时重很多，尤其对于跑了较长时间夜路的车主来说，频繁使用灯光后有必要检查一下各个指示灯是否都工作正常，这项检查自己在家就能完成。而对于使用年限较长的老车来说，还要同时检查线路、发电机以及蓄电池的工作情况是否正常。

7）机油。一般长途高速驾驶后机油的性能都会大幅下降，再加上出游路线多半状况复杂，所以无论是否到了下一个保养周期，最好在长途归来后更换机油及滤清器。而且同时要检查的还有冷却液、变速器油等油液，如发现过度消

耗也应一并补足。

8）外部漆面。长途旅游归来一定要立即清洗爱车，以免路上的泥水、沙尘、动物粪便等对车漆造成伤害。如不及时处理，车漆表面更容易加快失去光泽。在洗车时应力求做到全面，即使是边边角角的细节也不容忽视。此外，打蜡也不失为一个去污的好方法，一方面更容易将车漆表面的污物彻底清理，而且还延长了保洁时间。

9）内饰部分。春季旅行，适宜的空气环境很容易让我们长时间开窗行驶。但由于在户外开窗行车的时间过长，车厢内难免累积下厚厚的灰尘，不仅看起来不舒服，还将成为呼吸道传染病的载体，所以除了常规的清洗外，驾驶室内的细节同样马虎不得。其实地毯、车顶和门饰板等绒面包裹部位的灰尘还比较容易清理，关键是空调送风道内、仪表板的一些犄角难以彻底打扫，这就需要专业的工作人员用蒸汽等方法为它们消毒洗净了。

10）橡胶件及密封条。检查橡胶件的方法十分简单，只要打开发动机盖，看看各个管路连接的接口部分有无油污的痕迹就能判断出是否有老化、破损的地方。如果发现破损千万不要凑合，因为夏季高温的工作环境会加剧这种老化，从而使爱车的故障更严重，所以要尽快修复。此外，密封条也是最容易被忽视的地方，若密封条损坏，在高速行驶中会产生风噪、雨天车窗漏水。所以如果你是位爱车人士的话，就不要忽视这些细节。

第十二章 改装升级

随着汽车运动的发展，汽车改装被越来越多的人所认知，汽车改装最大可能地强化和提升了车辆的性能极限空间，并作为一种汽车文化广泛延伸，得到了越来越多车主的认同与追捧。

89 为何要改装

或许一般人都觉得汽车改装与自己的关系不大，认为汽车厂家在生产汽车时就应该按照汽车销售的价格，把使用者所需要的装备都装配在了汽车上。所以在提到汽车改装时，很多人都会以为这是赛车手的专利。实际上，汽车改装在一些发达国家已经发展了多年，并拥有大批的拥趸。车主们往往通过改装自己的爱车，来体现独特个性。而且汽车改装有如此大吸引力的原因主要是它不仅仅简单地改变了汽车的某些部件，更重要的是它代表了车主对汽车本身的爱好以及对汽车文化的理解。

而由于不同车辆之间存在性能方面的差异，车主对汽车改装的理解和目标不一样，所以汽车改装的内容、方法也是不同的。项目可简可繁，花费可多可少，每个人可根据车辆的具体情况和个人经济实力、兴趣爱好等制定适合自己的改装方案。

【编者提醒】

真正意义上的汽车改装不外乎两个目的：

1）提高汽车的各项技术性能。

2）体现车主与众不同的个性及用车理念。

围绕这两个目的而进行的汽车改装涉及汽车性能、汽车外观及汽车内部等多方面的改装升级。

90 轮毂和轮胎

（1）轮胎

底盘改装的第一步应该从挑选一条适用的好轮胎开始。轮胎是汽车性能的终端输出，再好的性能都必须靠四条轮胎才能表现。轮胎的改装不外乎加宽、降低扁平比、胎质的改变。除非动力大幅度提升，否则为了提高循迹性加宽10~20毫米就足以应付一般道路上较剧烈的驾驶方式，而且不会造成转向特性及悬架负荷的改变。随着动力性能的普遍提升，扁平比的降低已是时势之所趋，通常也是配合着轮胎加宽、轮毂加大所做的调整。

增加轮胎宽度是为了增加轮胎与路面的接触面，这样抓地力自然便会增加。虽然轮胎宽度可升级一至两个尺码，但实际上要视车款而定。例如一辆原装使用215毫米宽度轮胎的汽车，理论上可以更换一套235毫米宽度的轮胎来换取较高的抓地力，但结果可能会导致轮胎碰到轮拱或车身而产生危险。此外，轮胎宽了，滚动阻力也随之增加，会或多或少降低加速反应。过强的抓地力也会使弯中车身动态变得比原装“钝”，结果可能得不偿失，尤以输出不高的汽车最明显。

因此轮胎升级之前，必须首先考虑换上性能比原装高的相同尺码的轮胎能否达到希望得到的效果。若决定更换宽轮胎，比原装宽一个尺码其实已适用于大部分或进行过基本改装的汽车。曾大幅改装发动机的改装车如果用上宽两个尺码的轮胎仍然觉得抓地力不够强，原因其实只有两个：一是选用了一套性能不够高的轮胎，其次是悬架未能发挥轮胎的表现，与轮胎宽度无关。

（2）轮毂

轮毂的加大必须与轮胎配合着改变。超过半数以上的车主改用大尺寸的铝合金轮毂是为了美观。其实除了美观的因素，轮毂的改装是为了散热更好、重量更轻。用铝合金或镁合金所制成的轮毂散热效果要比铁质的轮毂好上许多，若配合轮毂的特殊造型更能达到冷却效果。在这要提醒读者的是轮毂的重量才是改装时要考虑的因素。在赛车场上轮毂改装的另一个重要目的是要争取更大的空间，以便容纳更大的制动盘及卡钳。

许多人更换大轮毂的目的一是为了美观，二是为了配合较宽的轮胎或体积较大的改装制动。其实，增加轮毂直径的主要目的是为了降低轮胎的扁平率，因为胎壁越薄，变形幅度便会越小，车辆的高速稳定性便会越高。例如由16英寸升级至17英寸轮毂后，胎壁薄了0.5英寸，变形幅度自然比原来小，但同时吸振效果及舒适性也会降低。

【编者提醒】

换装高性能轮胎或轮毂，目的离不开提升车辆的抓地力与操控反应。需要注意的是，高性能轮胎的磨耗速度往往高于经济型轮胎。此外，粘度越高、抓地力越强的轮胎，也比较容易增加油耗。铝合金轮毂虽然轻巧有型，但对于常常出入崎岖地形的越野车，铸铁轮毂反而比铝合金制品更适合，因为铸铁制品柔性较强，轻微变形之后仍能使用，铝合金则往往没有这种变形弹性，在同样的冲击力下可能一撞就裂。

91 音响

据调查，很多车主的汽车音响改装知识十分欠缺，正是因为相关知识的缺乏和经验的缺失，使得不少车主盲目实现自己的对汽车音响的改装想法，采用了不正确的方式方法，反而导致汽车的音响改装效果不尽如人意。主要因素可以概括为以下几点：

1）占小便宜心理。在谈到改装汽车音响时，有很多车主坦言自己并不是专业级的音响发烧友，只希望花一点小钱来改善一下音乐环境和音乐乐感就可以了。于是在选择汽车改装店时往往“什么便宜选什么”，把“一分价格一分货”的道理忘得干干净净，导致最终对改装效果不甚满意。

2）对所选汽车改装店专业性的错误估计。音响改装首先需要注意的就是电路问题，在对汽车音响进行改装和维修时一定要到具有专业经验的汽车改装店，因为不专业的改装店很可能在改装过程中破坏原车电路，这样不但音响效果没有得到改善，还有可能会影响到车辆保修及一系列的售后服务。因此，在布线时，一定要做到单独布电源线、音频线、信号线，而且线路之间做好屏蔽与保护，做到万无一失。但是对于车主来说，是很难正确判断出一家汽车改装店是否专业的。最好的办法是提前查看对各汽车改装店的推荐与评估，做到心里有数，省去不必要的麻烦。

3）忽略汽车改装的升级空间。据了解，很多车主在对汽车音响进行改装时，常常忽略了日后的升级空间。改装音响一般有着循序渐进的过程，大致的顺序是先换扬声器，然后升级功效，再增加低音扬声器，最后更换主机。但是车主们最好是能够预留一些升级空间，日后如若要升级解析力强的主机，就能达到更高的音质效果了。如果不预估日后升级空间，待到有升级需求时就会遭遇升级瓶颈。

【编者提醒】

在对音响进行改装前，还得提醒大家，爱车的第一功用永远都是代步，改装可以，但千万不可哗众取宠，为了改装而改装。音响改装是一个系统的工程，要想既达到好的效果，又不会对安全造成隐患，最好还是量力而行。

92 悬架

普通汽车在设计过程中，制造商基于取得更多市场份额和成本的考虑，底盘悬架往往会采用折中的设计，不仅降低成本，而且使底盘在日常驾驶时表现出偏向中性，所以这样的设计对于追求驾驶乐趣的驾驶人就无法胜任了。底盘的改装首先就是减振器。所谓减振器的改装实际上是换上阻尼较硬、品质较好并且能和弹簧充分配合的减振器。选择一组适当的减振器是最重要的，但要在舒适性和操控性之间取得平衡非常困难。如果以操控为主那么就会牺牲舒适性，但是要用在一般道路上就可以有所妥协，这时一组阻尼可调式的减振器，就可提高实用性。

在改装悬架系统时弹簧是主角，即应先决定弹簧的强度和长短，其他的配件如减振器等都是用来配合的。另外前后弹簧的刚度对车子的动态平衡（推头/甩尾）有极大的影响，改装时要特别留意。

总的说来，悬架是讲求匹配的系统。不同品牌、型号的改装件的调校均有所不同，要搭配选用及调校一套适合自己要求的改装悬架是非常困难的事。因此最佳的选择是匹配性能较高的套装件，适合的悬架改装最终还是以玩家喜好而定。

“绞牙”减振器经常被玩家视为最

高级的悬架装置，因为既可以调校离地距离，又可以调校缓冲度，但专家一致认为街道汽车不需要使用这类产品。为何？首先是这类产品虽可降低离地间距和车身重心，但街用汽车的悬架结构受悬架支点所限，降低离地间距后悬架连杆形成的侧倾点却可能移至比原装更差的位置，盲目降低车身只会弊大于利，如车身倾侧、滚动倾向不减反增，操控性必然比原装差。事实上，只有小部分玩家需要及懂得如何利用“绞牙”减振器上的多段调校功能。

【编者提醒】

改装弹簧减振器还要避免几个误区。首先是不要拼命降低车身，过分降低车身会影响减振器、弹簧、等速万向节和其他悬架关节的寿命。另外，虽然车身降低后大部分悬架系统上都会有增加车轮负倾角的效果，对弯道表现有好的影响，但若是没有修改悬架机构关节点的位置，过分地降低或升高车身都会破坏悬架机构的应有特性，效果会更差，车身过低给日常行车所带来的烦恼也会令车主困扰不已。

93 制动系统

顾名思义，制动系统的首要工作是减速。因此改装制动系统的目的，就是要缩短制动距离。

升级制动系统的方法有三种，分别是更换高性能制动摩擦片、改用大型卡钳、增加制动盘直径。一般的制动系统改装只要换装高性能制动摩擦片即可，如果想进一步加强制动力，则可以考虑原装直径改装用制动盘或大型卡钳。原装直径改装用制动盘的优点是规格跟原装件相同，可以配合原装卡钳、制动摩擦片使用，改装工序也比较简单。通常这种类型的制动盘表面摩擦力与原装件没有差异，而且制动盘刚度较高、较为耐热或表面设有防止制动器磨损屑积聚的坑纹，令这类制动盘的性能比原装件好，特别是连续制动后。大型卡钳配用的制动摩擦片通常比原装大，能够产生的摩擦力及制动力自然较高。采用多活塞设计其实只是为了平均分布制动片的压力，也即多活塞设计跟制动力没有直接关系，因此挑选时应比较配用的制动摩擦片面积而非活塞的数目。

使用直径较大的制动盘能够产生较好的制动表现，主因是增加了卡钳和车轴轴心之间的力矩，还有是因为它通常是套装形式，与对应的大型卡钳及配件一起出售，使制动摩擦片摩擦面积比原装高。尽管这类套装制动升级件的售价并不便宜，但因配件齐全，组件之间的匹配性也高，选择它比自行组合更加安全科学。

虽说上述任何一种升级都能提高制动力，但改装制动系统更重要的目的是如何达到适合自己的制动“控制感”。因为不同人有不同的驾驶习惯，对踏板“脚感”亦有不同的喜好，有些喜欢初段制动反应敏感，有些则希望全程渐进。因此，若要达到一个称心的制动“控制感”，除了通过不同的制动摩擦片、制动盘及卡钳搭配外，还可能需要更换制动主缸或俗称“大力鼓”的制动辅助器来调校“脚感”，改装过程中靠反复测试不同产品进行选择。

【编者提醒】

若没有高性能轮胎配合，就算是换上一套制动力很强的制动系统亦无用武之地，因为抓地的始终是轮胎，强制动配弱轮胎只会造成经常性车轮抱死的情况。换言之，选择一套好的轮胎也可以或多或少提高制动表现，改装制动系统亦必须同时为轮胎升级。

94 发动机进、排气系统

在各种提高汽车动力输出的改装方法中，更换高性能的进、排气系统，令发动机“进得多，排得快”是最简单而效果最明显的方法。

(1) 进气系统的改装

进气系统包括空气滤清器、进气管、进气歧管及气门机构等。进气系统的改装基础就是要提高发动机的容积效率，要达到这个目的通常可以采用以下的方式。

1）空气滤清器。进气系统改装的入门工作就是换用高效率、高流量的空气滤清器。换装高流量的空气滤清器滤芯可降低发动机进气的阻力，同时提高发动机运转时单位时间的进气量及容积效率，而由供油系统中的空气流量计测出进气量的增加，将信号送至发动机电子控制单元（ECU），ECU 便会控制喷油器喷出较多的燃油与之配合，让较多的油气混合气（并不是较浓）进入气缸，从而达到增大动力输出的目的。

如果换装了空气滤清器滤芯仍不能满足动力输出的需求，可将整个空气滤清器总成换成俗称“香菇头”的滤芯外露式空气滤清器，进一步地降低进气阻碍，增强发动机的“肺活量”。

2）进气管。进气管的改装可分成形状及材质两方面，改变进气管形状的目的在于进气蓄压（以供急加速时节气门突然全开之需）及增加进气的流速。但这类产品通常有特殊性的限制，也就是说用于A型车的若装在B型车上并不一定能发挥出最佳的效果。

目前最常用的材质是碳纤维，它的不吸热特性能让进气的温度不受发动机室的高温所影响，使进气密度较高，即单位体积的含氧量增加，从而提高发动机的输出动力，唯一缺点是价格比较高。一般的进气管改装是形状及材质同时改，以求实现最佳改装效果。

3）进气歧管。在赛车发动机上所需要的是牺牲低转速时的动力输出，获得高转速的动力表现，因此将进气歧管尽量缩短并取消空气滤清器，充分消除进气阻力，以求得最佳的高速表现。传统式后方进气、前方排气布置形式的发动机，在换装直喷式进气歧管后，所面临的最大问题是如何由车外导入足够的新鲜空气。直喷式进气歧管与经过空气动力学设计的碳纤维进气管是最佳的组合。尤其在将发动机高度降低后，利用发动机上方所空出的空间，安装一个较大的进气导管，让空气能够更有效地经过后面的进气歧管。

4）二次进气。目前有许多利用二次进气原理所制成的产品。之所以称它为“二次进气”是因为除了原有从空气滤清器吸入的空气外，另外再利用进气歧管的真空压力差，从发动机曲轴箱强制通风管路（PCV）外接另一个进气装置，导入适量的新鲜空气，从而来达到提高容积效率的目的。二次进气所能得到的动力提升效果最主要的是在发动机低转速阶段，因为在节气门全开、空气大量进入、真空度降低时，二次进气装置所能导入的空气量就变得微不足道了。

【编者提醒】

进行大幅度的进气系统改装时，必须考虑与供油系统的配合问题。如果只是大幅增强进气能力，而供油系统无法提供足够的供油量与之配合，则势必无法达到提高动力的目的，因为发动机所需的是比例适当的油气混合气，而不只是大量的空气。此外在实用上必须考虑噪声的问题，我们一般谈到噪声都只想到排气管所产生的声浪，而忽略了进气也会产生一定的噪声。

(2)排气系统的改装

在进气和排气系统改装中，车主们更青睐排气系统的改装，因为不仅可以看到小钢炮般形状的尾管露在车身后面，而且更有一些听觉的刺激感。

1）排气歧管。排气歧管一般是改装排气系统中最昂贵的部分，由于它对长度、弯度和口径的严格要求，从而让开发和制造成本很高。但排气歧管的设计优良与否对整个排气系统的效果有着举足轻重的影响。以四缸发动机为例，传统的设计都是四根排气歧管直接汇总成一根排气管（4-1 形式），这样有助于提升高转速时的动力输出。而每两根排气歧管先汇总成一根管，汇总成的两根管最终再汇总成的一条排气管的设计（4-2-1 形式），则有利于低转速时的转矩输出，较适合日常行车之用。但现在很多新设计的 4-2-1 形式排气歧管都能同时改善发动机的中、高转速表现。

2）三元催化转化器。它的作用主要是净化发动机废气中的碳氢化合物、一氧化碳和氮氧化合物。新款的三元催化转化器并不会对排气流速产生多少阻碍，但现在很多改装车都把它拆掉了，这样不但会让排放超标，还可能令部分有自诊断功能汽车的 ECU 发出错误信号，从而影响正常行车。所以我们建议改装排气系统时保留三元催化转化器，如果实在想改，可换一个改装专用的高性能三元催化转化器，但费用可能较高。

3）排气管。单单换装排气消声器不会让车辆的动力增加很多，但如果把整段排气管更换成高性能排气管，则会对动力的提升有不少帮助（特别是发动机经过改装）。高性能排气管比原装的排气管粗壮，内壁较光滑、弯曲度较小，这些设计令发动机在高转时产生的大量废气能顺畅、高速通过，明显地提升了排气效率。但要注意，直径过大的排气管会影响回压效果并使废气降温太快，减慢流速之余更减少了排气管的离地间隙。一般说来，如果发动机没有经过大幅度改装，那么排量在 2 升以下的自然进气发动机的排气管直径就不应超过 50 毫米，而 2 升涡轮发动机的也应该在 70~80 毫米。中段排气管没有单独更换的必要，要换至少也要和排气消声器一起换。中段排气管原是系统中最便宜的部分，但加上了三元催化转化器就不一样了。

4）排气消声器。大部分的排气改装都是从排气消声器改装开始的，高档的排气消声器采用不锈钢，甚至是钛合金制造。改装排气消声器除了比原装铸铁排气消声器更轻、更耐用外，也是整个排气系统中最吸引人的部分，它不仅可以从车外看到，而且还能发出特有的音频和声响。排气消声器大致可分成两类：

①利用交错隔板形成的反射波来减低音量，原厂排气消声器几乎都是这种类型，它优点是成本低且消声效果好，缺点是排气阻力大而笨重。

②用玻璃棉等吸声材料来消声的高性能排气消声器，它的优点是限流少、重量轻，缺点是消声效果较低，因此一般都会有较大的排气声。但排气声的大小和发动机的性能并没有直接关系。

另外，排气消声器末端的排气管口径也要配合前端排气管的直径，太大并不会有实际的效果。

【编者提醒】

一套好的改装排气系统并不能提升车辆的动力输出，它只会减少发动机动力的流失，但相对原装或设计不好的，甚至是赝品改装件来说，改装排气管后的车辆实际输出动力会有明显的增加。

95 动力系统的升级

提升汽车的动力性能简单来说，就是进行机械改装，让每样零件各司其职，相辅相成。而动力系统的改装，通常又是从节气门、活塞、轮轴等几个方面着手的。

下面，我们就分别从以下几个方面，谈谈汽车动力系统的升级。

1）加大节气门。这主要用来显著提高进气流量的，但应该注意的是，如果不加节制，则会使发动机因油气混合比过低而爆燃。

2）高压缩比的轻量锻造活塞。降低发动机曲轴、连杆负荷，发动机反应迅捷，爆发力更强。

3）高角度。使用高角度的凸轮轴，气门升程和开启角度会更大，保证更多可燃混合气进入气缸且排气更加顺畅。

4）主减速比和各档齿轮。主减速比加大、1~4 档齿轮齿比加密，可以提升整车的加速性，但以降低极速为代价。故可采用加大尾牙、2~4 档齿比加密、5 档变疏来弥补丢失的极速。

5）高压线。将原车通常为 5000 欧姆左右的高阻值高压线更换为低阻值高压线，使点火线圈所释放的能量最大程度传到火花塞上，但须谨防跳火、干扰等症状。

6）火花塞。将成本低廉、寿命短至 2 万公里、耐高温性差、点火能量小的普通镍铜火花塞更改为寿命可长至 10 万公里、耐 2000℃以上高温、点火能力极强、但造价相对较高的铱金属火花塞是一种入门手法。

7）燃油调节阀。原厂回油阀一般为 250~400 千帕，车型不同压力值也不同，且不可调节。加装燃油增压可以使回油压力变大、泄油变慢、喷油压力提升，在喷油量加大的同时使喷油雾化更趋完美。

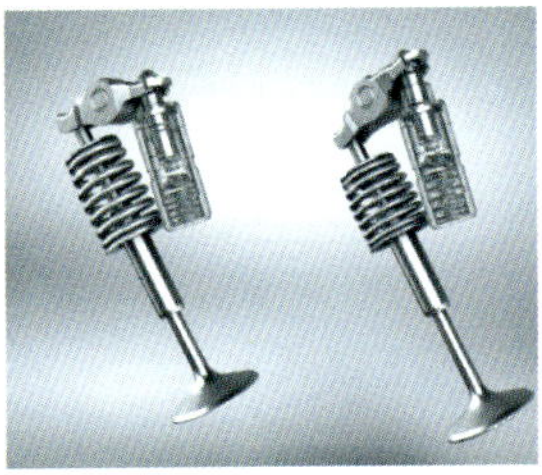

8）轻飞轮。担负着平衡作用的飞轮如果过重会影响加速性，更换轻飞轮可获得良好的加速反应，油离配合则须更加准确。

9）改装涡轮增压。通过对自然吸气车辆加装涡轮增压装置或为涡轮增压车更换中冷器和更大尺码的涡轮可获得功率的大幅提升。

10）氮气加速系统。干式氮气加速系统（NOS）一般用于自然吸气车辆；湿式在干式的基础上增加了额外的喷油嘴，适合涡轮增压车使用。北美对NOS这种瞬间激增40~200千瓦的家伙情有独钟，但车身刚性、制动能力将同时受到最严酷考验。NOS系统内含一氧化二氮气体，可以促进燃烧，呼唤出惊人爆发力！使用它必须掌握好开启时间，否则发动机会因温度过高而烧成一堆废铁。

96 发动机电子控制单元

现在一般的发动机都是电控燃油喷射发动机，因此全车各种电子系统的运作，都需交由电子控制单元ECU（Electronic Control Unit）掌控，如控制ABS、电子节气门、防盗器、空调系统等与发动机运转息息相关的程序系统也在其中。除了发动机硬件外，ECU也必然是影响动力输出的关键。

原厂车在设计发动机的软硬件时，除了动力输出，还考虑到经济性、实用性、油耗以及越发严格的排放标准，因此在ECU的调校和设定上趋于平衡。这时，为了使车子的动力更强，最直接最有效的手段莫过于改装ECU了。近年来，这种方法大受改装车主的欢迎，原因除了直接有效外，更重要的是性价比极高，并且从外观上根本无法令人察觉。

市场上有不少的ECU改装方法：一种是通过换装芯片或直接更新为由通过专业工程师测试编写的对应某一车型的套餐程序；还有一种就是加装外挂电脑硬件，按需要自行编写和设定程序。相对于第一种软件改装，外挂电脑的最大优点便是可针对需求，随时调整高速供油、点火时间等。其多样化的功能，使它成为重度改装车的首选。

现在有能力为客户提供量身设定ECU程序的改装店不多。主要原因是这些改装店无法像专业ECU厂商或专业赛车队一样，通过测功机等专业仪器进行测试调整，而只能在路上“边跑边改”在实际测试中调整。

【编者提醒】

“有一套好的空燃比表，就容易把ECU调好。”这种冒险的改装方式逐渐被很多人所认同，但是假如只依靠简单的仪表，没有功力深厚、经验丰富的编程测试工程师来改装编程，是很容易损伤发动机及其他部件的，甚至会有车辆报废的危险。因此对于一般的ECU改装，选择一款适合自己车型的编写好的套装程序绝对是最保险、最合乎成本效益、最事半功倍的方法。

97 车身封釉

车身封釉就是通过震抛机的高速振动和摩擦，利用釉特有的渗透性和粘附性把釉分子强力渗透到汽车漆表面和缝隙中去。车身封釉后可以使漆面的硬度得到一定的提高，车身封釉具有防紫外线辐射、防雨雪酸碱的侵蚀、防风沙的吹打、抗高温、密封、增光、耐水洗、抗腐蚀，延缓车漆被氧化造成褪色的作用，另外釉面还可防火防油污及轻度硬物的刮擦，使你的爱车更新、更亮。车身封釉还为以后的汽车美容、烤漆、翻新奠定了基础。车身封釉是打蜡的替代品，一般车身封釉半年之内可不用打蜡（不过这主要取决于车辆的使用环境）。

打蜡、封釉、镀膜的优缺点：

打蜡是通过研磨的方式将漆面细小划痕磨光来达到漆面光亮的美容方式。目前市场上的车蜡主要有两种：固体蜡和液体蜡，一般固体蜡就是研磨蜡，而液体蜡又叫光亮剂或者光亮釉，只需要均匀涂抹在漆面上就可以了。蜡中含有研磨颗粒，常用会对车造成损伤，因此选用蜡时千万不要选用劣质的粗蜡。

1）优点：省钱，操作简单，自己动手就行。

2）缺点：蜡的主要成分是石油，对漆面有腐蚀性。时效性差，一般一个月就要打蜡一次，且雨水一冲就没有了。

封釉是通过高分子聚合物覆盖汽车漆面来增强漆面的抗磨损能力。

1）优点：提高漆面硬度，耐高温抗紫外线的特性更好，有利于保护车漆。

2）缺点：有一定的腐蚀性，每隔半年做一次，必须到专业店进行施工服务。

电池镀膜是通过正负电子相互吸附的电泳技术，将人类目前所知硬度、光滑度最高的物质“PTFE”吸附在汽车漆面，以此形成抗酸碱、耐磨损、抗紫外线、耐腐蚀的综合防护层，是目前北美主流的漆面防护措施。

1）优点：一般有效期在 3 年左右，光滑度提升（虫尸、沥青能轻易地被擦去），漆面硬度提升 3 倍，能经历 150 次高压洗车后依然光亮。

2）缺点：施工时间需要 3~4 小时。全进口材料，技术复杂，费用相对较高。

【编者提醒】

镀膜与封釉都是在车漆表面涂上一种化学物质，通过在车漆表面形成一种高硬度、抗氧化、抗腐蚀的膜，从而对车漆形成保护。而两者所不同的是加工工艺上略有不同：封釉用的是液体釉，而镀膜用的是一种氟碳和玻璃素的聚合物，两者都在车漆表面形成一种固态保护层，都需要先打磨掉车漆表面的氧化层，以保证“釉”或者“膜”在车漆表面的附着能更加持久。

98 底盘封塑

汽车底盘由于其部位特殊，工作条件最为恶劣。夏季地表热气烘烤、雨水侵袭，秋季路面上沙石飞起撞击，车底挡泥板及车身边缘的弯曲部分泥污、脏污极易堆积，堆积附着物的水分又不易挥发，时间长了以后也不易清理，再加上冬季雪后除雪剂的腐蚀，使涂在底盘表面的防锈层损坏，失去防腐能力。特别是南方沿海地区，由于长期受到盐碱的侵蚀，车身受到的锈蚀非常严重。为了解决这一问题，需要对底盘作特殊的处理。以往简单的防锈处理是在底盘上涂一层油脂来隔除水分，但这样做只能维持一段时间。随着汽车行驶里程的增加，油脂会不断蒸发，粘附灰尘，防锈效果会逐渐消失，粘附的灰尘、油污会造成新的腐蚀。

目前常用的方法是采用PVC（聚氯乙烯树脂）涂料进行处理，这种涂料的主要成分是聚氯乙烯树脂、增塑剂、调节剂、颜料、体质颜料等经机械混合形成的一种原浆涂料。该涂料固体含量高，抗剪切力强。具有高附着性、高弹性，同时具有防腐、防潮的能力。喷涂在底盘上，不仅可以使底盘与外界隔绝，还可以达到防腐、防锈、防撞、防振、隔绝底盘噪声的功能。对底盘做的这种特殊处理一般称为“底盘封塑”，又由于其效果如同给底盘披上了一件优质坚韧的盔甲，因此又称之为“底盘装甲”。

【编者提醒】

刚出厂的新车车身底盘干净，这时候做封塑效果最好。

99 大包围

汽车为了改变外观和减小汽车行驶时所产生的逆向气流，装上汽车前保险杠、后保险杠、侧裙等就叫做汽车大包围，又叫汽车车身外部扰流器，它是一辆汽车美感很好的表现形式。汽车大包围对于减小逆向气流来说是一个非常强大的汽车配件，可以实现众多的功能，如美观、美感、气流的减少等。如果你的车型比较旧，做汽车大包围非常合适。要注意的是：

1）加装大包围应该到有经验的改装店去，因为这些改装店有制作各种包围的能力，大都会免费为车主修复不慎碰坏的包围，令车主不必为包围的一点小损伤就再花钱去换一个新的。

2）由于包围所用的材料抗撞击能力较差，所以，最好不要选用需要拆掉原车保险杠才能安装的大包围。而且将原保险杠包裹其中的大包围并不会影响车辆的牢固性。如果一定要选用拆杠包围，可将原杠中的缓冲区移植到玻璃钢包围中，以起到保护作用。

3）应选用高质量的产品。大包围安装在车上，也就与车成为一个整体，日常的磕碰就在所难免，如果包围材质脆弱，刚性过大，就很容易碎裂，那样不仅增加更换成本，也平添了不少麻烦。

在国内大包围套件的材料主要有：

1）ABS 塑料。此类产品以真空吸塑成型，所以厚度较薄，韧性一般。

2）PU 塑料。此类产品由于是在低温下注塑成型，所以有极高的柔韧性与强度，同时与车身的密合度也是最佳的，寿命期也较长，是三种材料中最好的一种。

3）树脂纤维材料。此类产品价格较为便宜，款式较多，所以成为众多车主的首选。若要选购这一产品时要注意以下几点：

①韧性要好，有抗扭的能力。

②耐热不变形。

③表面要平滑，重量要轻。

④与车身密合度要高。

这样你就能选到自己称心如意的包围了！

【编者提醒】

加装大包围的车主有几点应注意的事项。

1）应选用高质量的产品，因为高质量的玻璃钢包围，无论是坚固程度还是表面光洁度都远远强于一般产品。

2）加装大包围应该到有经验的改装店去，从而可以保证加装的质量。

3）加装大包围前应该制定一个合适的方案。

100 尾翼

汽车尾翼也称尾部扰流板，一般分为单层和双层两种，而材质有铝合金、玻璃纤维、碳纤维等多种，其工作方式也有手动可调和自动调节之分。尾翼不仅仅是为了满足视觉需要，更多是为车辆在高速行驶时提供更多的下压力。

汽车在正常行驶过程中的阻力可分为纵向、侧向和上升三方面，而且随着车速的提升，阻力也就更为明显。在高速进行激烈驾驶时，车辆更容易出现转向不足、轮胎抓地力不足等问题。而扰流板的安装能大大降低这种现象，这也是为什么所有竞赛车辆的车身后都会安有扰流板。我们经常能看到 F1 比赛中的赛车风驰电掣地通过弯道，除了优异的底盘结构外，车身的扰流板也有很大功劳。不过想得到这份额外的下压力也不容易，赛车的工程师们每场比赛都要根据不同的赛道不断调整尾翼和其他扰流板的角度和方向，以获得最佳的空气动力学效果。

而对于民用车来说，尾翼更多只是起到强化视觉效果的作用。一方面，城市行驶时的车速还不足以用到尾翼来提供额外的下压力。因为当车辆的行驶速度低于 100 公里 / 小时时，车体表面的凸出物越少，车身的线条越流畅，风阻系数才会越小，而增加的尾翼这时只会添乱。只有当车速高于 120 公里 / 小时时，尾翼的优势才能显现出来。另一方面要想获得合理的下压力，尾翼的材质、角度还有调整的范围都必须是经过严格测试后得出的，而这种调校别说是一般的改装店，就算专业的汽车公司也要费巨资才能完成。

【编者提醒】

对于一般车主来说，给爱车装饰性地加个小尾翼还是可行的。车主可以选择一些美观小巧的尾翼来和自己的爱车搭配。比如在两厢车的尾部安装一个小扰流板，既可以将车顶上的气流顺畅地导至车后，同时还利用了该气流将后车窗的灰尘清除掉，避免了因灰尘附着而影响到驾驶人的后视野。不过那种夸张的大尾翼最好还是要慎重选择，因为没有经过调试过的尾翼不仅会给安全行车留下隐患，还有可能因此而无法正常验车。

101 贴膜

在整个后汽车改装市场中，汽车玻璃贴膜的发展异常迅速，很多私家车主都为自己的车贴了膜，但是在这方面消费者在车膜产品的选择上有些误区。

1）单面透光车膜。所谓单面透光是指贴膜后，只能从内向外看，不能从外向内看，表面上看似保护了隐私，实际上有一定的危害。这种技术要求制造工艺较为复杂，价格相对也高。而市场上一些低价格、所谓能“单面透光”的车膜大多为伪劣金属膜，即膜内有一层极薄的金属，通过对光的反射和散射来达到短期的视觉效果。这种膜易氧化脱落，同时对紫外线的隔离也有限，为行车安全带来隐患。

2）深颜色的车膜。汽车贴上这样的车膜后，经过染色的车膜呈现出深浅不一的外观，是否颜色越深就越好呢？其实不然。

①车膜的颜色与性能并无直接联系。

②深颜色的车膜固然可以增加一点隔热能力，但车膜内的涂层工艺才是决定隔热效果的决定因素。

③在机动车年审时，深颜色的车膜往往会被审查单位格外关注，尤其是对前风窗玻璃和驾驶人位侧窗的透光率有严格的标准，这些部位需要贴高透光率的车膜。

④有些仿制车膜通过染深颜色来进行掩盖，这种劣质膜不仅褪色后会在玻璃上留下难以清洗的斑块，隔热效果也不及专业车膜的一半。

3）高反射率的车膜。这样的车膜本身具备一定的反射光作用，这种车膜是不合乎规定的。2004 年制定的交通安全法就有明确规定："不得使用镜面反光遮阳膜"。为什么定这样的标准?因为高反射率的车膜存在诸多弊病，于人于己都有危害。此类车膜（也称镜面膜）的材质多以铝掺杂水银制成，对外部的直射光反射固然厉害，但也会形成一定的内反光，严重影响开车者的视线，易造成安全事故。

4) 贴双层的车膜。贴了一层车膜后，有的车主感觉还是太透明了，于是就想出了膜上加膜的做法，其实这种做法弊大于利。

①双层车膜与玻璃之间会形成一种新的透光率，但并不是成倍减少，隔热率只会稍微提高。

②车膜与车膜之间的粘性没有车膜与玻璃之间紧密，时间一长易脱落。

③两层车膜间如果有气泡时，水分会使上层车膜移动、变形，导致水泡面积越来越大，双层车膜也就失去了原先预期的效果。

【编者提醒】

我国汽车保有量在快速增长，车膜改装近年来受关注程度也在与日俱增，行业自律固然重要，但更重要的恐怕是消费者自己应尽快提高辨别真伪，"膜"高一尺，消费者必须道高一丈。

102 国家相关法规

在我国，随意改装很可能通不过年检，所以汽车改装一定要在符合相关法规的前提下进行。当前，交管部门对汽车改装的限制要求依然比较严格，汽车排量等涉及汽车技术参数部分绝对不能私自改装。

我国法律法规对汽车改装做出了限制：

1）汽车型号、发动机型号、车架号不能改，不能破坏车身结构。

2）汽车改变颜色，更换发动机、车身或者车架的，必须交验汽车，更换发动机、车身或者车架的还要提交机动车安全技术检验合格证明。

3）车贴面积不能超过车身总面积的 30%，超过了就必须到相关部门报批。

4）车的外观不能大幅改动，要求与行驶证上的照片基本保持一致。

【编者提醒】

目前我国改装汽车一般有两种情况：

1）指定专门生产改装汽车的厂家，用国家鉴定合格的发动机、底盘或总成，重新设计、改装与原车型不同的汽车。

2）已领有牌照的汽车，为了某种使用目的，在原车总成的基础上，做一些技术改造。

第十三章 日常保养

车辆的养护就是对车辆进行定期保养、维护。对待爱车，要三分修七分养。只有注重日常的车辆维护保养，车辆才可能尽心尽责地履行职责。而且经过精心保养的车辆，车况会更好。

103 车辆的清洁

汽车内饰中的地毯、座椅、空调风口等经常接触潮湿的空气或水渍，在特定的环境中，这些地方最易令细菌滋生使内饰霉变，散发出臭味，不但影响了驾驶室的空气环境，更重要的是对乘员的健康造成了负面的影响。保持整洁的车身和驾驶室，不仅能够美化内饰环境，也会对驾驶人和乘员产生积极的生理及心理影响，使驾驶和乘坐心情更为愉悦。

洗车是汽车外观最基本的保养，许多人认为只要洗干净了就行了，其实还是大有学问的。首先是预洗程序，车身脏的时候许多尘土和泥沙附在车身上。如果上来就用水枪冲和用海绵擦，洗车倒变成了给车“打沙皮”，车漆层与金属不同，它的表面那层透明漆硬度很低，很容易被损伤，所以，清洗方式不对就直接伤害了汽车的面漆，用不了几个月原来光亮的车身就变得发乌没有光泽。专业的洗车应该在洗车前增加一道预洗的程序，即使用专业的设备将特别的预洗液喷洒在身上，并等待一两分钟，经过浸泡，大部分的沙土可以与车漆脱离，再用水枪冲洗，可以避免上洗车液时，沙泥划伤漆面的危险。

其次，洗车的工具要有讲究，洗车用具应有分工，鹿皮用来擦车身，长毛刷洗轮圈，海绵洗轮胎，不能混淆，并且遵循从上而下的原则。擦车时，也要遵循从上而下的原则，用柔软的毛巾将车身上的水渍擦干，并用专业的干湿两用吸尘器到车厢内吸尘处理。

最后要注意的是洗车需要选择正确的洗车液，洗车最忌用碱性强的洗涤剂或肥皂粉，因为它们虽然去污力强，但同时对漆面的损伤性也大，经常用它们洗车后车体表面的透明漆很快就会被侵蚀掉，因而车身表面不再光亮而开始发乌，而且会加速车身橡胶件、轮胎、车窗等的老化。正确的洗车液应采用洗车专用的洗车液，以含水蜡成分的洗车液为最佳。专业洗车液 PH 值为中性，不会侵蚀车表面，如含有水蜡成分，更能在洗车的同时给予车体一种滋润保养的功效，即便经常洗车，也不会损伤车漆，反而越洗越亮。

【编者提醒】

许多人对爱车感情很深，喜欢自己洗车，休闲时洗洗车确实不错，但是如果不懂如何洗反而会伤害爱车。洗车频率不宜太紧密，正常一般不是很脏的情况下，两三个星期洗一次，如果洗得过勤那么车漆的寿命会大幅度缩短。下雨下雪天后应及时洗车，防止腐蚀。

104 发动机室的清洁

发动机室的清洁是平常汽车保养的重头戏。发动机室内最大的污染源来自灰尘、污泥等，这是因为发动机室下方因其通风冷却的要求，并未完全封闭，而是与外界相通，故在行驶中遇雨水而溅到发动机或发动机室内的其他部件，或灰尘散满整个发动机室内。

其方法可分为柴油或煤油清洗、高压水枪清洗和高压空气清洗。无论使用哪种方法，在清洗发动机室时，应先将发动机熄火，使所有电器关闭，并使发动机室温度下降，千万不能在高温下清洗。目前高压水枪清洗被大多数人所采用，要避免发动机熔丝（俗称保险）盒处线束与水接触。

【编者提醒】

建议每年进行一次散热器、冷凝器清理工作，以确保发动机散热、空调制冷效果以及发动机进气充足。

105 保养

根据使用情况和车型的不同，一般每行驶5000~15000公里左右保养一次。其主要内容是更换机油、机滤。保养中更换零部件依据行驶里程的需要有所区别，应更换燃油滤清器、空气滤清器、空调滤清器、火花塞、制动液等部件。用车初期主要是正常保养，费用相对较低，当车辆使用一定年限或行驶一定里程后就会进入维修期，比如制动盘、发动机正时带都需要更换，因而费用就相对高一些。

此外，保养还有很多检查项目。适时更换车辆的消耗品部件对于保持和恢复汽车的技术性能，保证汽车具有良好的使用性和可靠性、延长使用寿命有重要意义。不仅仅是在常规的保养期限内要进行发动机的养护，在驾驶经过一些特别潮湿或者粉尘特别大的地区时，都要对发动机的相关部件做一些检查保养。

现在的汽车厂家越来越重视售后服务，由此为车主带来的好处就是会经常享受免费的检测活动。这些免费检测活动很多看似简单，在新车主看来似乎没有实质性内容，其实这些免费检测活动是非常有好处的。车主可以利用这些免费检测活动对爱车全面体检，及时发现一些潜在的故障，并将这些故障隐患消除，省去了将来的高额维修费用。

【编者提醒】

汽车保养是非常重要的，车保养得好，不仅有助于提高汽车的安全性，还可以起到保值的作用。

106 机油

机油即发动机润滑油，被誉为汽车的“血液”，能对发动机起到润滑、清洁、冷却、密封、减磨等作用。首先看机油的分类，目前世界上通用的机油分档标准是美国石油学会的API标准，从字母A开始，字母顺序越到后面代表油品越好，目前的最高级别为M级。机油的第二个指标是机油的粘度，SAE规定了11个机油粘度级别，表示在什么大气温度下使用什么级别的机油。这11个级别中有6个是冬季机油，它用英文“W”表示，共有0W、5W、10W、20W、25W。W前边的数字表示该级机油适用的最低温度，数字越小，温度越低。如SAE 0W适应的最低温度是零下35摄氏度，SAE 5W适应的最低温度是零下30摄氏度，以此类推。夏季机油不用字母表示，直接标注数字，共有20、30、40、50、60五个级别，这些数字表示机油适用的最高温度。例如SAE30机油表示其适应的最高温度是30摄氏度。

机油的分类中还分单级机油和多级机油，单级油如5W、30、40，通常情况下，单粘度机油适合温度范围窄，因而不适合全年使用。多级油则能同时满足多个粘度级别，如SAE15W/40，系指其低温性能可满足零下20度，高温粘度可达到40的指标，其间跨越5个粘度级别，因此多级油可四季通用。由于多级油既具有良好的低温流动及泵送性能，又具有高温润滑能力，因而选用多级油是最佳之选。了解了这些数字的含义，你就可以根据当地的气候选择合适粘度的机油了，像SM 5W/40的多粘度机油基本可以适合国内的所有气候条件了。还有一点要注意，机油标号中的第一个字母S表示汽油机油，而如果是C表示柴油机油，汽油机、柴油机使用的机油不可互换使用。

总体上，选择机油主要考虑：控制噪声、减少油泥、加速感觉、粘度适宜等几个因素。对于普通家庭轿车而言，自然吸气发动机原厂配的是矿物机油，涡轮增压发动机配的是半合成机油。有些车友一直用原厂的机油，或者认为机油仅仅就是润滑而已，一般来说，原厂的机油可以胜任日常使用，汽车生产厂家不会拿自己的声誉开玩笑而去选用更便宜的劣质机油。性能价格比满足那些并不追求车辆性能的车主。机油的不同对车的影响很大，如果有可能，车主应该选用性能更好的全合成机油，用好机油可以达到噪声低、加速快、省油、发动机磨损小、推迟大修时间等好处。

机油在使用一段时间后，由于油品氧化、污染等原因会使其自身品质下降，失去对发动机的保护作用。因为机油中所含的各种添加剂在不停地消耗，机油在使用中不停地混入气缸中燃烧的气体而生成油泥、水分、酸性氧化物等，会使机油的使用性能不断下降，所以按时更换机油十分必要。

【编者提醒】

加注机油以加注到机油标尺上限附近为宜，如果机油加注过量，最好是将多加的机油放掉，过量的机油会造成三元催化转化器的损坏。

107 火花塞

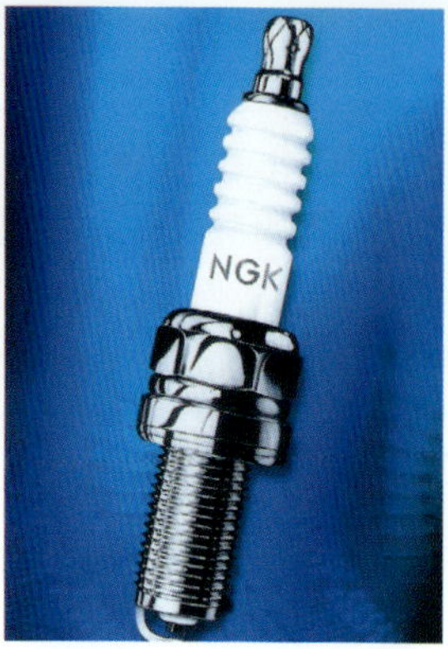

火花塞的作用是使高压导线送来的脉冲高压电放电，击穿火花塞两电极间空气，产生电火花，以此引燃气缸内的混合气体。火花塞的工作环境非常恶劣，工作温度是相当高的。发动机正常运转时，火花塞绝缘体裙部的温度一般保持在 500 到 600 摄氏度之间，同时要耐汽油和燃气的化学腐蚀。发动机正常工作状态下，火花塞有自洁功能，但使用时间长了以后，火花塞自洁功能会弱化，最后产生积炭，积炭会导致陶瓷体的绝缘电阻下降，在同等点火电压的情况下，容易使点火失败、发动机功率下降、油耗增高。

一般车型的原厂普通火花塞电极材料由镍锰合金制成，中高档车发动机会选用性能更好的铂金、铱金火花塞，如果分得再细一些，火花塞的类型大体上有如下几种：

1）标准型火花塞。其绝缘体裙部略缩入壳体端面，侧电极在壳体端面以外，是使用最广泛的一种。

2）绝缘体突出型火花塞。绝缘体裙部较长，突出于壳体端面以外，它具有吸热量大、抗污能力好等优点，且能直接受到进气的冷却而降低温度，因而也不易引起炽热点火，故热适应范围宽。

3）电极型火花塞。其电极很细，特点是火花强烈，点火能力好，在严寒季节也能保证发动机迅速可靠地起动，热范围较宽，能满足多种用途。

普通镍锰合金火花塞的使用寿命为 2 万 ~3 万公里，铂金、铱金火花塞的使用寿命根据其工艺的不同为 3 万 ~8 万公里左右。使用寿命不是说到了厂家标定的里程数火花塞就坏了，比如厂家标定的 3 万公里寿命，而实际上很多车主有在行驶 4 万公里才换火花塞的经历，当然达到这样的条件是有条件的，这与驾驶方式和路况有很大的关系，如果经常在城里堵车的路况开车，火花塞的寿命就达不到 3 万公里了。

一般情况下，如果超过火花塞规定寿命后仍不替换掉，将不利于发动机的动力性和经济性的发挥，因为随着火花塞使用期的延长，其中心电极端面会向圆弧形状变化，侧电极则向凹弧形状变化，这种形状将使电极间隙增大，并造成放电（即产生火花）困难，影响发动机的正常工作。因此，车主应定期地对火花塞进行维护保养与更换，不仅节省燃油，减少尾气排放，而且更能使汽车发动机始终处于良好的工况，提高驾驶的舒适性和使用的经济性。

【编者提醒】

定期更换火花塞是必要的，车主一定要依据随车的《车辆维护说明书》要求来更换火花塞，一般原厂的火花塞要求 2 万公里或 3 万公里更换。

108 轮胎

车辆的操控品质、乘坐舒适性和行驶的安全性等诸多因素都会体现在轮胎上，使用状况良好的轮胎会增加驾驶乐趣和乘坐的舒适性，同时也会使你得到良好的安全保障。只有对轮胎爱护有加，合理地驾驭轮胎，才能保持轮胎保持良好的状态。怎样去维护及正确使用爱车的轮胎呢？下面就是车主应该注意的一些事项。

轮胎保养首先要强调的是行驶时应保持符合要求的正确气压，轮胎胎侧有一个汽车制造商所提供的最高气压值，至少每个月要检查一次所有轮胎（包括备胎在内）在冷却情况下的气压。但仅仅检查是远远不够的，如果发现气压减小过快，一定要查明原因，避免留下隐患，扎钉、割破、气门嘴橡胶老化、开裂都可能是罪魁祸首。如果是新车轮胎漏气，在维修厂做漏气试验，原因查明后还要判断是否值得修补，因为诸如扎钉这种行为会导致轮胎内部结构损坏，不值得继续使用。

在行驶过程中，不超过驾驶条件要求也是对轮胎的一个保护，如果遇到前方有石块、坑洞等障碍物时，要避让或缓慢通行。因为即使充气压力正确，在高速行驶时，轮胎如果遇到道路障碍物伤害导致损坏的概率也比低速行驶时要高。子午线轮胎的胎面是有钢丝带束层的，而轮胎边则没有钢丝层覆盖，高速行驶时，轮胎撞击坑洞及其他外界异物，导致轮胎在冲击物与轮辋凸缘间产生严重的挤压变形，可造成帘子布断纱，轮胎内部的空气则从断纱处顶起形成鼓包，继续使用这样的轮胎会导致断纱越来越多，最终形成爆胎。

【编者提醒】

一般来说正常使用下的轮胎寿命是4到5年，过了5年即使胎纹的磨损很小也最好换掉，因为胎面的橡胶会因时间长久而发生老化，而许多细小的裂纹正是造成行车中爆胎的诱因。

要经常检查轮胎状况，包括纹路是否清晰，侧壁是否有鼓包、裂缝、割伤、扎钉和不正常的轮胎磨损。轮胎磨损得很厉害就要考虑更换轮胎了，如果发现轮胎胎肩磨耗快于胎面其余部分，或者如果驾驶过程中车身过度抖动的话，那可能就是车辆定位不良或不平衡，这些情况不仅会缩短轮胎寿命，而且影响车辆的操控性，可能出现危险，这就要考虑做四轮定位。

轮胎磨损到磨耗指示标志，应停止使用。在胎面花纹沟所剩1.6毫米位置有磨耗指示标志。磨损到这个标志，就必须被替换。使用超过磨耗指示标志的轮胎是危险的，特别是在湿地行驶的时候。因为花纹被磨平，轮胎的排水性能大大降低，轮胎与水面基本形成水滑状态，阻碍轮胎与地面的接触，抓地力大大降低，存在安全隐患。

109 备胎

很多车主常常会忽视了对备胎的保养，日常保养中或者长途出游前，很少有车主对备胎进行检测，久而久之，备胎在放置多年后已严重老化最后成了废胎而无法使用，等到发现，备胎已经无法使用，因而在备胎的维护上要注意几点。

车主应定期检查备用轮胎，轮胎是橡胶制品，存放时间太长会出现老化现象，一般轮胎的老化期为 4 年左右，因此，到 4 年之后就应该更换备胎。其次，在存放时候远离油品，轮胎的主要成分是橡胶，而橡胶最怕的就是各种油品的侵蚀。大部分家庭轿车生产厂家提供部分备胎的尺寸会比正胎尺寸小一号，因此换上备胎后，四条胎的摩擦系数不同，长时间使用会对车辆的系统、转向系统及悬架系统产生一定的影响，所以车主应及时换掉备胎。另外，使用备胎尤其是小型化的备胎时，要注意控制车速，一般的情况下以不超过 80 公里 / 小时为宜。

【编者提醒】

如果轮胎沾到油，要及时用中性的洗涤剂把油污冲洗掉。有的车主会将修补过的轮胎作为备胎，这些轮胎如果要再次使用，一定要放在非驱动轮上。

110 冷却液

冷却液是现代汽车发动机不可缺少的一部分，它在发动机冷却系统中循环流动，将发动机工作中产生的多余热能带走并散发到大气中，使发动机能以正常工作温度运转。冷却液应该叫汽车防冻冷却液，它具有冬天防冻、夏天防沸的功能，并且能够防腐、防垢，保护发动机的冷却系统，改善散热效果，提高发动机效率。因此，防冻液不只是冬天用的，它应该替代水全年用于汽车发动机的冷却。车主要定期更换发动机冷却液。根据行驶里程或时间长短来更换发动机的冷却液，因为难以通过目视来判断它的变质程度。

另外，冷却液可能会有不同的浓度，然而如果不是合适的浓度的话，它可能容易凝固，对于每个地区须使用合适浓度的冷却液。检查发动机冷却液液位时，要等发动机冷却后，检查冷却液储液灌中的液位。如果液位在储液罐上高位线与低位线之间，则表明液量充分。如果液位低，则需添加冷却液。

随着发动机温度的高低，冷却液储液灌中的液位也随之变化。如果加冷却液后，在短时间内液位下降，则系统可能有泄漏。须检查散热器、软管、发动机冷却液箱盖、散热器旋塞以及水泵。如果仍然没有发现泄漏，则对冷却系统进行加压测试。更换发动机冷却液时的注意事项：

1）更换冷却液时应防止泄漏到机件上，并防止热的冷却液喷出伤人。

2）要保证将冷却液释放干净，需要将散热器和缸体中的冷却液都要放掉，并能够保证冷却系统中不会残存空气，将液位添加到标准量。

3）工序完成后确认是否有泄漏。

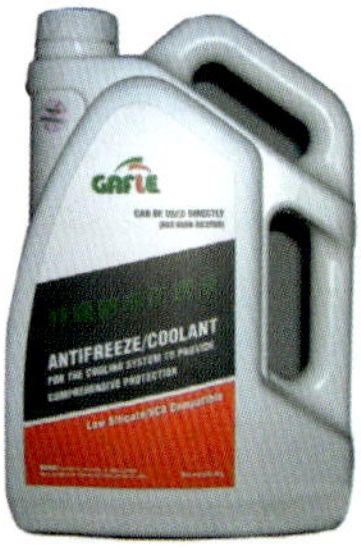

【编者提醒】

在使用冷却液时，要注意不同品牌不同型号的产品不要混用，还要根据车型选择不同的正规品牌的冷却液，如果选用劣质的冷却液，不仅会使冷却液温度升高，而且还会腐蚀发动机。

111 自动变速器的保养

自动变速器故障大多源自清洗不及时。自动档轿车中的自动变速器是轿车最关键的部件之一，自动变速器能充分利用发动机功率，有利于降低排放污染，减小起步冲击，过载时还能起保护作用。自动变速器是由液力变矩器、齿轮机构、液压机构、湿式离合器和涡轮传动装置等部分组成的，这些机构都用同一种油液润滑和传递能量，这种专用液体称为汽车自动变速器油（ATF）。

车主应该经常检查自动变速器油液位是否正常，自动变速器油的检查方法与发动机机油不一样，发动机机油在冷车状态下检查，而变速器油是需要将油预热到 50 摄氏度左右，再将变速杆在各档位停留 2 秒后置于停车档，此时油尺正常油面应位于最高与最低线之间，如不够，应及时添加相同品质的油品。

自动变速器内部控制机构非常精密，配合间隙小，在正常使用的过程中，变速器油的工作温度一般在 120 摄氏度左右，因此对油品的质量要求很高，还必须保持清洁。其次，变速器油使用时间长了以后会产生油垢，有可能会形成油泥，会加大各摩擦片和各部件的磨损，而且还影响系统油压，使动力传递受到影响。第三，脏油中的油泥会使各阀中的阀体的移动不畅，油压控制受影响，从而使自动变速器出现异常。所以应该掌握好更换自动变速器油的周期，目前大部分厂家建议自动变速器检查及换油周期一般为两年或 4 万～6 万公里。

正确地更换变速器油。目前较好的换油方法是动态换油，采用专用的变速器清洗设备，在变速器运转的过程中，将旧油充分循环，排放干净后再加入新的变速器油，从而使换油率高达 90% 以上，保证良好的换油效果。

【编者提醒】

车主应培养主动检查、维护、保养的意识，可以学习一些维护、保养车辆的基本知识，认真阅读随车使用说明，记住一些必要数据等。科学养车，才能保证车辆处于良好的技术状态，保证行车安全。

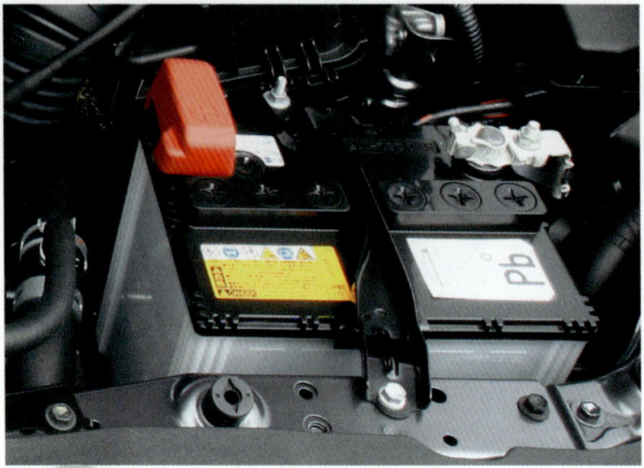

【编者提醒】

一般临近寿命终点的蓄电池，车主在驾驶中可以有所感受，譬如车停放几天就发现打不着火，油耗增加，夜间开前照灯及在夏季开空调行驶感觉车负担加重等。车主在蓄电池使用中，常规保养就应检测蓄电池，这能起到预防作用。

112 换蓄电池

蓄电池是汽车必不可少的一部分，目前国内销售的轿车中大部分都采用的是免维护蓄电池。免维护蓄电池是用铅钙合金制造的，由于蓄电池采用了铅钙合金做栅架，所以充电时产生的水分解量少，水分蒸发量也低，加上外壳采用密封结构，释放出来的硫酸气体也很少，所以它与传统蓄电池相比，具有不需添加任何液体、对车身腐蚀少、抗过充电能力强、起动电流大和电量储存时间长等优点，近些年在国内很受青睐。

无论哪一种蓄电池，长久不用它都会慢慢自行放电直至报废。因此，每隔一定时间就应起动一次汽车，给蓄电池充电。蓄电池有一定的使用寿命，到一定的时期就要更换。在更换时同样要遵循上述次序，不过在把电极线接上去时，次序则恰恰相反，先接正极，然后再接负极。

蓄电池的蓄电量可以在仪表板上显示出来。当电流表指针显示蓄电量不足时，要及时充电。有时在路途中发现电量不够且发动机熄火起动不了，作为临时措施，可以向其他的车辆求助，用它们车辆上的蓄电池来起动车辆，将两个蓄电池的负极和负极相连，正极和正极相连。在起动汽车时，不间断地使用起动机会导致蓄电池因过度放电而损坏。正确的使用办法是每次起动车的时间总长不超过 5 秒，再次起动间隔时间不少于 15 秒。在多次起动仍不着车的情况下应从电路或油路等其他方面找原因。

113 制动系统

制动系统对于汽车行驶的安全性至关重要，但对制动系统的保养却常被车主们所忽视。一些车主往往等到发现制动系统工作不正常的时候，才对制动系统进行检修，但这样有可能由于突发故障而导致制动失灵。车主必须经常对制动系统进行保养，才能保证行驶安全。制动系统一般是由制动踏板、真空助力器、制动主缸、制动器等重要部件组成。

对于制动系统的日常养护非常必要，许多车主容易忽视制动液的更换。制动液属于特种油液，具有很多的功能，如制动液不容易沸腾，因此热稳定性高，且抗氧化能力强。制动液如果长时间不更换，就会因为氧化而失去其应有的功能。因此必须定期保养。 现在大部分的轿车都配备有制动液面报警系统，在制动液不足时会发出警报，但是车友不能过分依赖此系统，而应该定期检查制动液面。 制动液一般必须二年更换一次。清洁的、高质量的制动液是安全和制动系统工况良好的基本要求。如果制动液脏了，放掉并且冲净整个系统，然后用新液灌满主缸。制动液不要重复使用，所有从系统中被放掉的制动液都应该被丢弃掉。

制动器一般分为鼓式和盘式两种。现代的SUV车型一般都装备的是盘式制动器。制动器的养护牵涉到很多部件。首先要定期检查制动盘或制动蹄片的磨损程度，看情况更换。检查制动轮缸的防尘胶圈是否损坏，轮缸的活塞是否锈蚀，并且检查其工作的灵敏度；同时还要检查制动轮缸活动销的防尘胶圈是否损坏以及活动销的工作情况是否正常，视情加以润滑或更换。检查制动管路有没有老化或者是龟裂的现象，如果出现问题就要及时更换。要注意观察制动管路和底盘相互之间有没有干涉，及时地调整。

【编者提醒】

在制动系统的日常养护中，还要注意定期检查和调整制动踏板的自由行程，也不要忘了观察制动灯是否正常工作。如果车辆带有ABS系统，就要对ABS系统进行及时的检测，清洁系统的轮速传感器，并测量轮速传感器的气隙，保证其在正常的工作范围。

114 空调

车主到达目的地后，一般都是关上空调和车门后就直接离开。与秋冬季节不同，炎热的夏季里车内外的巨大温差会导致空调系统发霉，进而滋生真菌。因此车主应在到达目的地之前几分钟关掉空调，开启自然风，使空调管道内的温度回升，消除与外界的温差，从而保持空调系统的相对干燥，避免真菌繁殖。

很多车主因为不喜欢空调开到高档时发出的噪声，因此很少或从不将空调开到大风量。但是空调使用时会吸进很多灰尘，定期开大风能将空调风道内表面的浮尘吹出来，这是保持空调清洁的一种简单的方法。另外，也要用专用的风道清洗液进行杀菌、清理和除异味。

有些新手总是要等到空调效果不好时，才想起清洗空调，这是不对的。应该做到的空调滤清器要定期更换，因为春天沙尘较多，柳絮飘飞，这些都会粘附在滤清器上，容易滋长细菌，使空调产生霉味，因此最好每年的春季过后更换一次。另外，冷凝器也要定时清洗，而且要将散热器拆下来，清洗才能彻底。

【编者提醒】

空调滤芯需要定期拆下来进行清理，以免滋生细菌。

115 内饰的保养

不论是南方还是北方，由于夏天高温、多雨，车内地毯、地胶及其他隐蔽处滋生了许多细菌，随着秋季的来临，车窗不再经常开启，车厢内的空气就会变得混浊，对人体健康容易造成危害，因此，在换季时节，很有必要为您的爱车做一次彻底的内饰杀菌与清洁。做保养时，最好以专业的清洗剂配合高温内饰桑拿机，这样不仅能去除车内污垢、异味，同时还能有效地杀灭细菌，清理完毕，再用保护剂对内饰进行护理。

车内清洁不能只用一种清洁剂和保护品，由于车内各部位材质不同，而且有些特性差异较大，应注意选择使用不同的清洁剂。有些碱性较大的清洁剂，虽然有增白、去污的功效，但会有一定的后患，碱性过强的清洁剂会浸透绒布、皮椅、顶篷，最终出现板结、龟裂。专业的做法应该是选择 PH 值不超过 10 的清洗液，配合车内美容专用的抽洗机，在清洁的同时有大量的循环清水将脏东西和清洗剂带出来，并将此部位内部的水汽抽出，以免潮气过重，久而久之腐烂甚至脱落。

车内清洁完成后，还要在仪表台和皮椅上涂一层保护剂。现在的皮革保护剂分乳化性、油性和水性三种。乳化性保护剂带有清洁功能但碱性较强；油性保护剂含有溶剂成分，会侵蚀分解皮革上的树脂和颜料产生皮革褪色，最好不要选择。水性保养剂属中性，它具有柔软皮革恢复弹性与光泽的作用，并有防水、防污的功效。

【编者提醒】

在车内清洁中还应该特别当心车内的各种开关按钮和音响电路部分，避免用大量的水去清洗按钮、电路部分，以免造成短路和损伤车内的电脑系统。尤其是一些高档车，各部分都由电子系统和电脑来控制，擦拭时应多加小心。

116 天窗的保养

天窗的保养和使用注意以下几个方面：

1）下雨时应注意关闭天窗，雨停后将车顶上的水珠擦拭干净再开启。

2）下雪天应注意首先要给天窗解冻，防止结冰卡住机械组件。

3）天窗使用频率尽量不要过高。

4）途经颠簸地带，尽量不开天窗，以免振动损坏天窗零件。

5）风沙地带尽量不开天窗，以免沙粒进入轨道内，造成零件磨损失效。

除此之外，日常要特别注意天窗密封圈的防尘工作。在春秋两季，可以隔一个季度用湿海绵清洁一次密封圈。车辆在长久停放前，要用滑石粉彻底清洁一次天窗，以避免时间过长造成胶条在空气中发生化学变化而自然老化。在平时洗车时，要顺便检查一下天窗的胶条及凹槽内有无沙尘、树叶或小树枝等脏东西。使用高压水枪洗车时，不要直接将水直接对准天窗周围的密封圈喷，否则容易造成密封圈在高压水柱的喷压下变形，日子久了车内会容易进水。

【编者提醒】

在定期维护保养时要注意防冻、防雨；经常擦拭密封胶条，定期涂抹滑石粉；经常清除沙粒等杂物；天窗轨道部分，应定期用机油或润滑剂清洗。

117 发动机积炭的防治

汽油中的蜡和胶质等不纯物是形成积炭的主要成分，所以清洁度高的汽油形成积炭的趋势就弱一些。不幸的是，目前我国的汽油质量与发达国家相比还较低，只能因陋就简。大家要注意高标号不等于高质量，也就是说 97 号的汽油并不一定比 93 号的杂质就少，标号只代表汽油的辛烷值，并不能代表品质和清洁程度。

一些车主为了保证汽油的清洁度，会采用在汽油里添加汽油清洁剂的做法。这样可有效地防止在金属表面形成积炭结层，并能逐渐活化原有的积炭颗粒并且慢慢去除，从而保护发动机免受伤害。不过汽油清洁剂的添加一定要慎重，如果加入了伪劣的产品会得到相反的效果。

正确的驾驶方式是防止积炭的先决条件，首先是发动机起动后不要长时间怠速运行，发动机怠速运行时间长，汽油被喷到气门背面后蒸发的速度就慢，积炭也由此而生，此时进入发动机的空气流量也就小，这样对积炭的冲刷作用变得也很弱，会促进积炭的沉积。其次要多跑高速，多跑高速的目的就是要利用气流对进气道的冲刷作用来预防产生积炭。另外，提高换档的转速也与多跑高速有着异曲同工之妙，比如把原来在转速 2000 转 / 分时换档变成 2500 转 / 分，不但可以有效预防积炭生成，也避免了换档转速过低带来的爆燃，保护发动机。对于装有涡轮增压器的汽车，在高速行驶或者爬坡后不要马上熄车，再怠速运转 1~10 分钟后再熄车，因为装有涡轮增压器的汽车形成积炭的速度比一般自然吸气式的汽车要快数倍。

【编者提醒】

由于受城市的路况以及我国燃油市场条件等因素的影响，以上避免积炭产生的方法有可能不太容易实现。那么建议有车族在常规保养都满足的条件下每 2 万至 4 万公里时做一下进气系统的检查和免拆清洗，这样能有效减少积炭对发动机性能的影响，使汽车的“心脏”保持在最佳状态。

118 预防车身腐蚀

车辆行驶途中，遇到雨雪天气或者路过泥泞积水路面是难免的事，车身底部等一些空隙处和车内地板等处都容易积存污泥，如车主不及时进行清洗，这会让湿气得以藏匿。因此，对于轮圈内外缘、车门 、行李箱的底部边角、车门钥匙孔及刮水器架的活动部位等处，要经常进行检查，同时要保持车门及车身各部排水孔的畅通，检查车内覆盖物的湿度，比如地毯等，防止地板部件生锈。

一些漆面较软的车辆，在高速行驶过程中风沙颗粒打在车身上也有可能造成细小划痕。对于这类汽车，可以给车身封釉，它可以形成网状的牢固保护膜，提高漆面的硬度，效果可以保持半年左右。而镀膜也可以达到类似的作用。另外，对于车辆底部可以进行底盘装甲 或者封塑，这样可以保护底盘 耐酸雨、防腐蚀，使原有的保护层不易干裂、脱落，还可以防止行驶当中小石子对底盘的撞击。

车辆停在室外最好不用车衣，如果遇上刮风下雨的天气，车衣的内层就会反复抽打车漆，尤其是如果车衣内吹进了风沙，就会在车身上划出无数道细小的划痕，时间一长还会造成漆面发乌。另外，风沙过后不要直接用掸子或抹布清理车身上的沙粒，而应该用清水冲洗，同样也是为了防止掸子和抹布上的沙粒划伤漆面。

在南方空气潮湿的地区，车辆使用一段时间后车漆表面经常出现锈蚀，除了常见的碰撞、刮伤外，行车时车胎弹起的小石块打在漆面上，也会使漆面出现一个个剥落的小点，时间久了就会产生小锈斑。而这些小伤痕因为大多在不起眼处，容易被人忽视。因此，平时要定期检查车体、发动机室盖和车身四周，一旦发现就要及时到专业美容店 进行处理。

【编者提醒】

如果有异物如鸟粪、化学品、柏油、树胶和工业粉尘等落在车辆的油漆面上，这些东西就会损坏车辆的外观，车主应尽快除去这些沉积物。

119

四轮定位

汽车的转向车轮、转向节和前轴三者之间的安装具有一定的相对位置，这种具有一定相对位置的安装叫做转向车轮定位，也称前轮定位。前轮定位包括主销后倾（角）、主销内倾（角）、前轮外倾（角）和前轮前束四个内容。相对两个转向前轮而言，两个后轮也同样存在与后轴之间安装的相对位置，称后轮定位。后轮定位包括车轮外倾（角）和后轮前束，这样前轮定位和后轮定位总起来说叫四轮定位。

车辆在出厂时，其悬架系统的定位角度（基本定位角度有 7 个）都是根据设计要求预先设定好的。这些定位角度共同用来保证车辆驾驶的舒适性和安全性。

但是，由于车辆在售出并行驶一段时间后，这些定位角度会由于交通事故、道路坑洼不平造成的剧烈的颠簸（特别是高速行驶时突然遇到不平路面）、底盘零件磨损、更换底盘零件、更换轮胎等原因而产生变化。所以就要做四轮定位，四轮定位后可增加行驶安全性和舒适性，直行转向轻松且转向后方向盘自动归正，更好地维持直线行车，防止因方向跑偏出现事故。还可减少油耗，降低底盘零件磨损。

四轮定位是汽车维修保养必需的工作内容之一，除非在做四轮定位之前存在与它相关的明显问题，例如直行稳定性差等，在四轮定位后您能马上感觉到，否则凭感觉您很难判断做的好不好。由于目前汽修行业良莠不齐，维修质量相差很大，所以建议车主尽量到较好的维修企业维修，以保证四轮定位的质量，确保行车安全。

【编者提醒】

车主发现车辆转向沉重、发抖、跑偏、不归位或者轮胎单边磨损、块状磨损等不正常磨损，以及驾驶时车感漂浮和摇摆等现象出现时，就应该立刻去维修厂检查一下车轮定位值并及时进行修理。

120 烧机油

烧机油给很多车主带来了麻烦，烧机油的表现是发动机起动后排气管排出蓝色的尾气，这表示过多的机油进入燃烧室参与燃烧。在正常状态下，发动机燃烧时也会烧掉一部分机油，这些机油来自对缸体、活塞、气门润滑用的机油，不过量很少而已，这里所讨论的烧机油现象是作为故障，就是超过正常范围的烧机油现象。

烧机油一般来说有两大部分：一部分是缸体，一部分是缸盖。缸体烧机油也分几种情况：一种是缸筒磨损过大，一种是活塞磨损过大或活塞环失效。缸盖烧机油是因为气门导管偏磨形成缝隙，机油漏进燃烧室，或气门油封老化，密封度下降导致机油沿气门流入燃烧室。在烧机油轻微的时候，可以通过观察排气来大致判断故障部位：如果发动机刚起动时就烧机油，多半是气门油封，如果热车烧机油则多半是活塞或活塞环。当烧机油严重时，很难判断是缸体还是缸盖烧机油，必须拆散发动机检查，有时候还必须将活塞从缸筒中捅出来，用内径千分尺测量缸筒的圆度、圆柱度来判定。

很多欧系 SUV 车型，比如大众、奥迪和宝马，机油亏得快，可是排气管没有冒蓝烟这样烧机油的特征，这是怎么回事？这属于机油消耗。发动机工作温度是一定的，不随季节变化。其散热主要依靠冷却液的循环，而不是自身的热辐射。涡轮增压发动机和高性能自然吸气发动机比自然吸气发动机工作温度高，在高温高压状态下机油的消耗量比普通发动机要大一些，尤其在车辆高速行驶和频繁加速时，机油的消耗更为明显。

【编者提醒】

避免发动机烧机油总体来说就是使用合格的、合适的润滑油，并且定期更换。但需要注意的是各国车系发动机的设计理念不同。

121

如何补胎

路上行驶，轮胎难免没有损伤，最常见的就是扎了轮胎。一般而言，坏胎的补胎方法依据轮胎受损程度，大致可分为三种：冷补（内补或粘贴补）、热补和胶条补法。

所谓冷补是将受伤轮胎从轮圈上卸下，找到创口之后，将创口处的异物清理后，从轮胎内层贴上专用的补胎胶皮，从而完成补漏。其实，这种方法类似自行车的补胎方法，只不过需要专用的扒胎机及补胎胶皮才能完成。其优点是可以对较大的创口进行修补，缺点是不够耐用，在经过一段时间的水浸或车辆高速行驶之后，修补处很可能再次出现漏气现象。

热补是最彻底的补胎措施。热补同样要将轮胎从轮圈上卸下，然后将专用的生胶片贴附于创口。再用烘烤机对创口进行烘烤，直至生胶片与轮胎完全贴合。热补的好处是非常耐用，基本不用担心创口处会重复漏气。

当爱车行驶在路上出现轮胎被扎或出现漏气现象时，最简单实用的方法还是用胶条法，适合应急情况。优点是设备要求低，缺点是不够耐用，不及时去专业店热补，易造成带束层等部位老化，形成更大威胁。

应该指出的是，补胎的方法是多样的，但不是万能的。如果轮胎壁（即轮胎侧面）出现了大于6厘米的创口，或者胎冠被钢筋等物体扎穿，造成大漏洞的话，一般最好还是更换新轮胎。因为这样的轮胎不仅难补，补好之后的效果也不能让人放心，干脆让它退休。目前并不是所有4S店都提供补胎服务，因此建议您选择去专业的轮胎店补胎。

【编者提醒】

补胎不需要回到汽车4S店，就近在汽车维修厂就可以解决问题。

第十四章
汽车保险

每年都有越来越多的汽车和驾驶人驶上公路。路上车辆这么多，难免会发生车祸，汽车保险可以将大麻烦化解成小问题。

122 汽车保险的分类

汽车险种类按性质可以分为强制险与商业险，商业险种类根据保障的责任范围还可以分为基本险和附加险。 基本险包括第三者责任险、车辆损失险（车损险）、车上人员责任险（驾驶人责任险和车上乘客责任险）以及全车盗抢险（盗抢险）；投保人可以选择投保其中部分险种，也可以选择投保全部险种。

附加险包括玻璃单独破碎险、自燃损失险、无过失责任险、车载货物掉落责任险、车辆停驶损失险、新增设备损失险、不计免赔特约险等。玻璃单独破碎险、自燃损失险和新增加设备损失险是车辆损失险的附加险，必须先投保车辆损失险后才能投保这几个附加险。车上责任险、无过错责任险和车载货物掉落责任险等是第三者责任险的附加险，必须先投保第三者责任险后才能投保这几个附加险；每个险别不计免赔是可以独立投保的。

交强险（即机动车交通事故责任强制保险）属于广义的第三者责任险，是国家规定强制购买的保险，机动车必须购买才能够上路行驶、年检、挂牌，且在发生第三者损失需要理赔时，必须先赔付交强险再赔付其他险种。

【编者提醒】

商业险是非强制购买的保险，车主可以根据实际情况进行购买。

123

车辆损失险

车辆损失险（车损险）即车主向保险公司投保的预防车辆可能造成的损失的保险，车损险的保险金额可以按投保时的保险价值或实际价值确定，也可以由投保人与保险公司协商确定。车损险的保险额度（赔偿限额）不一定与车实际价值一致，这里不存在车辆折旧的说法。车损险的目的是用来修复车辆的损失，无论是新车还是旧车，只要是同一型号的车辆，修复费用都是一样的。举个简单的例子，一辆旧车因为事故后保险杠撞裂了，修复时会换一个新的保险杠，而不是换一个跟车原保险杠相同的旧保险杠！

是否一定要上车损险呢？如果车主是新手，可能避免不了要刮刮碰碰，交强险在车损赔付中最高不能超过2000元（而且只能是你撞坏别人的车，赔付给你的也只能是别人的车的修理费），如果超过这些金额你就要自己掏腰包了；现在修车都很贵，2000元估计根本不够用，为了少花钱建议还是投保车损险吧，而且还要上一个不计免赔险，否则车损险只给赔付80%。

【编者提醒】

车辆商业险从2010年1月1日开始实行了新的规定，同之前相比最大的区别有两点：一是实行了浮动的车损险保费费率，二是车损险的计算方式有了变化。浮动费率的实行使得车主如果5年不出险，保费最低可下浮60%，而那些一年出险8次及以上的车主保费则会最高上浮至3倍。对于车主而言减少出险次数是下一年获得保险优惠的关键。

盗抢险全称是机动车辆全车盗抢险，机动车辆全车盗抢险的保险责任为全车被盗窃、被抢劫、被抢夺造成的车辆损失以及在被盗窃、被抢劫、被抢夺期间受到损坏或车上零部件、附属设备丢失需要修复的合理费用。可见，机动车辆全车盗抢险的保险责任包含两部分：

1）因被盗窃、被抢劫、被抢夺造成的保险车辆的损失；

2）因保险车辆被盗窃、被抢劫、被抢夺造成的合理费用支出。

对上述两部分费用由保险公司在保险金额内负责赔偿保险车辆全车被盗窃、被抢劫、被抢夺造成的损失。

根据条款的规定，全车盗抢险赔偿条件必须为整车被盗被抢，且公安机关立案，3个月后仍未找到，由公安部门开证明才能向保险公司申请理赔。如盗抢未遂或车上零部件、附属设备及车内物品被盗窃等情形都是属于盗抢险的责任免除事项，保险公司是不予赔偿的。

根据补偿性原则，保险公司的条款规定，车辆被盗后，赔偿金额按照车辆出险时的实际价值来确定。即使车主投保金额高于车辆的实际价值，也只能按照车辆实际价值计算赔偿；如果被保险车辆的保额低于车辆的实际价值，则按照保险金额计算赔偿。而且，全车盗抢险一般还实行20%的绝对免赔率，免赔率要由车主自行承担。

124 盗抢险

【编者提醒】

提醒各位车主，停车时值钱的东西尽量不要放在车上。因为全车盗抢险承保的范围是车辆本身，像现金、电脑等经常被放置在车内的物品都不属于承保范围，万一被偷了不能获赔，损失要由车主自己承担。

125 第三者责任险

第一者是保险公司，第二者是投保人（车主），“第三者”是指除了被保险车辆以外的对象，包括其他机动车、非机动车、人、牛羊、道路交通设施等。第三者责任险（简称三者险）是指被保险人或其允许的驾驶人员在使用保险车辆过程中发生意外事故，致使第三者遭受人身伤亡或财产直接损毁，依法应当由被保险人承担的经济责任，保险公司负责赔偿。同时，若经保险公司书面同意，被保险人因此发生仲裁或诉讼费用的，保险公司在责任限额以外赔偿，但最高不超过责任限额的30%。

以往绝大多数的地方政府将第三者责任险列为强制保险险种，不买这个保险，机动车就上不了牌，也不能年检。在机动车交通强制保险（交强险）出台后，第三者责任险已成为非强制性的保险。因为交强险在对第三者的财产损失和医疗费用部分赔偿较低，可考虑购买第三者责任险作为交强险的补充。

【编者提醒】

新手发生事故的概率比较高，上第三者险是必需的，且费用也不高。

126 附加险

附加险是相对于主险（基本险）而言的，顾名思义是指附加在主险合同下的附加合同。它不可以单独投保，要购买附加险必须先购买主险。一般来说，附加险所交的保险费比较少，但它的存在是以主险存在为前提的，不能脱离主险，形成一个比较全面的险种。附加险包括无过失责任险、车载货物掉落责任险、玻璃单独破碎险、车辆停驶损失险、自燃损失险、新增设备损失险、不计免赔特约险。

【编者提醒】

车险并不是买得越多越好，车主可以根据自己汽车的实际状况与使用情况，有针对性地选择附加险。

127 不计免赔特约险

它是车辆损失险和第三者责任险的共同附加险，是针对保险公司免赔部分的再保险。根据机动车辆保险条款规定，在车损险和第三责任险中保险公司都有按照保险车辆驾驶人在事故中的责任只赔偿实际损失的 80% ~95%的约定，保险公司不赔付的部分就被称为免赔率。免赔率的变化依据保险车辆驾驶人的责任程度而定：就目前而言，一般保险车辆驾驶人负全责的免赔 20%，负主要责任的免赔 15%，负同等责任的免赔 10%，负次要责任的免赔 5%，单方肇事事故的绝对免赔率为 20%。

免赔率的存在使得驾驶人不至于因为买了保险后就不注意驾驶安全，还起到保护汽车的应尽义务的作用。然而，自然也有车主希望自己买了保险后 100%无忧，对此，保险公司针对这部分客户的需求，设计出了免赔部分也赔付的险种，该险种就是不计免赔特约险。

【编者提醒】

投保了不计免赔特约险，车辆被盗也能获得 100% 赔付吗？ 当然不是。不计免赔特约险的保险责任仅限于车辆损失险和第三者责任险的免赔部分，对其他附加险的免赔部分不产生效力。

128 新车应该上什么险种

购买新车后给车买保险，是车主们必须要做的一件事。但有不少车主是头一次给车买保险，因而是一头雾水，面对繁杂的险种和各色的投保渠道有些茫然。在众多车险险种中怎样为自己的爱车选择既实用又经济的险种呢?

首先，交强险是必须上的保险，对于大部分车主来说，商业险方案选择包括车辆损失险、第三者责任险、不计免赔特约险和全车盗抢险这四个险种的组合是最为实用的。商业第三者责任险一般分多个档次，有5万元、10万元、15万元、20万元、30万元、50万元和100万元7个档次，保额越高所对应的保费相应就越多。一般说来，对于新手而言，投保20万元或30万元这一档次比较合适，一般的事故都能应付。此方案的性价比高，投入的保费不是很高，但这几个险种都非常必要。

对于全新车来说，最好补充一些附加险种，比如车身划痕的“划痕险”。此外，新手存在开车技术不熟练问题，建议买上一份车上人员责任险。在愿意承担较高保费的前提下，车主如果一次性上齐全部基本险和附加险，可以保证几乎与汽车有关的全部事故损失都能得到赔偿。但是选择险种时要把握一个总的原则，即搭配险种需要根据个人情况而定，而不是盲目地以所投险种的多少作为唯一衡量标准。比如玻璃单独破碎险更适合高档车、豪华车。

【编者提醒】

新车不需要考虑自燃险，如果自己有投保意外险的话，车上人员座位险也可以省掉。

129 保险需要注意的细节

车损险不足额投保，车损险理论上可以不足额投保，但车损险理赔时，同时也将会不足额赔付。即理赔时候，要扣除车损险不足额投保比例部分。

不要重复投保，有些投保人自以为多投几份保，就可以使被保车辆多几份赔偿。按照《保险法》第 40 条规定：重复保险的车辆各保险人的赔偿金额的总和不得超过保险价值。因此，即使投保人重复投保，也不会得到超价值赔款。

不要超额投保或不足额投保，有些车主车辆价值 10 万元，却投保了 15 万元的保险，认为多花钱就能多赔付。而有的车价值 20 万元，却投保了 10 万元。这两种投保都不能得到有效的保障。依据《保险法》第三十九条规定：保险金额不得超过保险价值，超过保险价值的，超过的部分无效。保险金额低于保险价值的，除合同另有约定外，保险人按照保险金额与保险价值的比例承担赔偿责任。所以超额投保、不足额投保都不能获得额外的利益。

【编者提醒】

保险要保全，有些车主为了节省保费，想少保几种险，或者只保车损险，不保第三者责任险，或者只保主险，不保附加险等。其实各险种都有各自的保险责任，假如车辆真的出事，保险公司只能依据当初订立的保险合同承担保险责任给予赔付，而车主的其他一些损失有可能就得不到赔偿。

130 保险公司的选择

在车主确定了应该选择的险种以及可以获得的优惠以后，在购买车险的过程中应该如何选择保险公司，购买过程中还应该注意哪些问题呢？业内人士建议，如果车主的车是新车，而且车价相对较高，可选择大公司的车险。因为越高档的车，修理费用也相应越高，一旦出现事故，可能承受的经济压力也就越大，而大公司的赔付额度相对会高一些，定点维修厂的级别也比较高。

从支付的保费来看，一般而言，相同的车型和险种，大公司的保费要比小公司高。如果车主的车是旧车，或者车价不高，修理费用也不会很高昂，并且车主的驾驶技术又比较成熟，选择小公司比较划算。另外，对于经常出外跑长途的车主，那么应该尽量选择像人保、平安这样比较大的保险公司来投保，因为这样的保险公司在全国各地都有分公司，遇到麻烦可及时在当地办理定损、理赔等。此外，车主投保车险不能只重价格，应该结合自己用车的实际情况来决定，比如是否指定专人驾驶等，综合出险时所需要的服务等。

【编者提醒】

保险公司的服务质量高低直接决定了客户在理赔时获得的权益，所以咨询、预约、报案、投诉、救援和回访等多种服务项目质量的好坏也是选择保险公司时需要考虑的。

131 交通事故保险公司赔偿程序

1）报案。发生交通事故后，应妥善保护好现场（或现场照相），并及时向保险公司报案，道路上的交通事故同时还要报请交通部门处理，非道路交通事故（如居民区内发生的事故），应由安委会出具证明材料。

2）核定。

① 保险公司接到报案后，会派人到现场勘察或到交通部门了解出险情况，同时对车辆进行定损，估算合理费用，并通知车主到保险公司指定的修理厂处理事故车辆。如车主要求自行修理，应办理自修手续，修理费如超出定损费用，将由车主自行支付超出部分的费用。

② 对第三者责任的索赔，还应由保险公司对赔偿金额依法确定，并依据投保金额予以赔付。对于保户与第三者私下谈定的赔偿金额，保险公司可拒绝赔付。

3）赔付规定。这里分为全部损失和部分损失两种情况。

如果是全部损失：

① 保险车辆发生全部损失后，如果保险金额等于或低于出险当时的实际价值，将按保险金额赔偿。

② 保险车辆发生全部损失后，如果保险金额高于出险当时的实际价值，将按出险时的实际价值赔偿。

如果是部分损失：

① 保险车辆局部受损失，其保险金额达到承保时的实际价值，无论保险金额是否低于出险的实际价值，发生部分损失均按照实际修理费用赔偿；保险车辆的保险金额低于承保的实际价值，发生部分损失按照保险金额与出险时的实际价值比例赔偿修理费用。

② 保险车辆损失最高赔偿额以保险金额为限。

③ 保险车辆按全部损失赔偿或部分损失一次赔款等于保险金额全数时，车辆损失的保险责任即行终止，但保险车辆在保险有效期时，不论发生一次或多次保险责任范围内的损失或费用支出，只要每次赔偿未达到保险金额，其保险责任依然有效。

④ 保险车辆发生保险事故遭受全部损失后的残余部分，应协商作价归被保险人，并在赔偿中扣除。

4）赔付时间。在车辆修复或自交通事故处理结案之日起三个月之内，保户应持保险单、事故处理证明、事故调解书、修理清单及其他有关证明到保险公司领取赔偿金。

【编者提醒】

如与保险公司发生争议不能达成协议，可向仲裁机关申请仲裁或向人民法院提起诉讼。

132 异地出险保险公司理赔程序

车辆在异地出险，理赔中需要有一些注意事项。

1）报案。保险公司都开通了全国统一的报案电话，如人保财险95518、平安财险95512、中华保险95585等。然而，由于各家保险公司服务平台的运行模式不同，案件的受理方式和流程也有着较大区别。人保财险客户在异地出险报案，都是由当地的分支机构直接受理。平安财险则略有不同，客户在任何地区拨通报案热线，都将被直接转到位于上海的全国后援中心。

2）定损。异地出险后的定损也是很有讲究的。目前，有两种定损方式可供选择：出险地就近定损和回保单所在地定损。就地定损是异地出险车辆较为常见的定损方式，由受理报案的分公司直接完成查勘、定损工作。要提醒的是，选择回保单所在地定损，必须事先报案并征得保险公司的同意，否则很可能被保险公司视为错过报案期限处理。此外，并不是所有的交通事故都能采取这种定损方式，若事故损失较大或发生人员伤亡，车辆必须在当地完成查勘。

3）修理。原本较为简单的事故车维修，在异地出险的情况下，也需要重新被重视起来。不少车主出险后，在没有经过定损前，就选择先修理，往往无法得到保险理赔。在车损不影响正常行驶功能的前提下，并不推荐车主就地进行维修。因汽车维修质量难以保证，一旦需要重复修理，车主可能需要往返两地。

4）理赔款。领取赔款也有就地申请领取和回保单所在地再领取两种方式。据了解，绝大多数车主为不影响行程都选择后者。按照车险全国通赔规则，车主回到承保地后，可以凭借理赔材料到分公司索赔。但若车主急需这笔赔款，也可以申请在出险地领取赔款，但必须属于快速理赔范围。

【编者提醒】

车主在投保时候应该选择规模大的保险公司，这样异地出险理赔方便。

133 及时续保

车主要留意每年车险到期的日期，否则车辆在保险过期时出险，那车辆就没有了保障。此外，车主拿到保险单后，一定要格外留心一下保险的起保日期，到期及时续保，免得给理赔埋下隐患。如果这一期间车辆发生事故，将由事主自行承担全部损失。

根据相关规定，“脱保”超过一定期限后再续保，保险费率还会上浮。一般“脱保”超过三天的话原本可以享受的一些保险优惠折扣就没有了，有些还需要重新验车，手续也更复杂，这主要是考虑道德风险，防止车主在事故后投保。

【编者提醒】

在办理完毕保险手续拿到保单正本后，应立即核对保险单上列明项目，如车牌号和发动机号及时要求承保档案是否有错漏，如有错漏应立即提出并更正。

附录
四驱技术介绍

134 四驱形式的分类

1）全时四驱。全时四驱简称 AWD（All Wheel Drive 的简写）。具体的含义是汽车在行驶的任何时间，所有车轮均为驱动轮。

全时四驱驱动车辆会比两驱车型（2WD）拥有更优异与安全的驾驶基础，尤其是碰到极限路况或是激烈驾驶时。理论上，AWD 会比 2WD 拥有更好的牵引力，车辆的行驶是依据它持续平稳的牵引力，而牵引力的稳定性主要由车辆

的驱动方法来决定，将发动机动力输出经传动系统分配到四个轮胎与分配到两个轮胎上做比较，其结果是 AWD 的可控性、通过性以及稳定性均会得到提升，即无论车辆行驶在何种天气以及何种路面（湿地、崎岖山路、弯路上）时，驾驶人都能够更好地控制每一个车辆动作，从而保证驾驶人和乘客的安全。

而在驾驶时，全时四驱车型的转向风格也很有特点，最明显的就是它会比两驱车型转向更加中性，通常它可以更好地避免前驱车的转向不足和后驱车的转向过度，这也是驾驶安全性以及稳定性的特点之一。

也正因为 AWD 的存在，为汽车提供了“主动安全、主动驾驶”的机会。目前应有这种技术的厂家已经有不少，这其中包含我们熟悉的奥迪 Quattro、大众 4motion、奔驰 4MATIC、讴歌 SH-AWD 等。

2）分时四驱。分时四驱（Part-Time 4WD）是一种驾驶人可以在两驱和四驱之间手动选择的四轮驱动系统，由驾驶人根据路面情况，通过接通或断开分动器来变化两轮驱动或四轮驱动模式，这也是越野车和四驱 SUV 最常见

的驱动模式。

分时四驱靠操作分动器实现两驱与四驱的切换。它的优点是结构简单，稳定性高，坚固耐用，但缺点是必须由车主手动操作，有些甚至结构复杂，不止是一个步骤，同时还需要停车操作，这样不仅操作起来比较麻烦，而且遇到恶劣路况不能迅速反应，往往错过了脱困的最佳时机；二是因为分时四驱没有中央差速器，所以不能在硬地面（铺装路面）上使用四驱系统，特别是在弯道上不能顺利转弯。

一般情况下，车辆并不是长时间处于四驱状态，正常行驶状况下，采用的是两轮驱动，当需要通过恶劣路面时，驾驶人可以通过分动杆把两轮驱动切换成四轮驱动，让四个车轮都提供驱动力，从而提高车辆的通过性能。

操作方式：车内会特别设计分动装置，有些是分动器的分动杆，有些是电子的按钮或旋钮。

代表车型:吉普牧马人、长城哈弗等。

3）适时四驱。适时四驱（Real - Time 4WD）单纯从字面来理解，就是指只有在适当的时候才会采用四轮驱动，

而在其他情况下仍然是两轮驱动的驱动系统。这个名称是有别于需要手动切换两驱和四驱的分时四驱，以及所有工况下都是四轮驱动的全时四驱而来的。

相比全时四驱，适时四驱的结构要简单得多，这不仅可以有效地降低成本，而且也有利于降低整车重量。由于适时四驱的特殊结构，它更适合于前横置发动机前驱平台的车型配备，这使得许多基于这种平台打造的 SUV 或者四驱轿车有了装配四驱系统的可能。

前驱平台相对于后驱平台本身就有着诸多优势，如更有利于拓展车内空间、传动效率更高、传动系统的噪声更小等。这些优点对于小型 SUV，特别是发动机排量较小的 SUV 来说显得尤其重要。

当然，适时四驱的缺点仍然是存在的，目前绝大多数适时四驱在前后轴传递动力时，会受制于结构本身的缺陷，无法将超过 50% 以上的动力传递给后轴，这使它在主动安全控制方面，没有全时四驱的调整范围那么大；同时相比分时四驱，它在应对恶劣路面时，四驱的物理结构极限偏低。

操作方式：大多数都在车内设计了单独的按钮，印有“LOCK”字样，而也有些为自动感应式的联通四驱状态，车内无按钮。

代表车型：奇骏、RAV4、CR-V 等。

135 几种具有代表性的四驱系统

1）奔驰 4MATIC 四驱系统。

奔驰现在使用的是第二代 4MATIC 四驱系统，与最早的四驱系统和第一代 4MATIC 四驱系统有很大的区别。第二代 4MATIC 四驱系统主要是针对公路行驶与越野路面兼顾的需求而设计的，传动比是恒定的 45% 或 55%，并且使用了电子牵引力控制系统（4ETS）实现差速锁的功能，例如在越野路面上，当车辆有一个车轮打滑时，电脑可以通过控制 ABS 对这个打滑车轮制动并限制它的空转，使打滑的车轮获得抓地力，从而增强车辆的行驶稳定性与通过能力。第二代 4MATIC 四驱系统最大的好处是可以保证每个车轮拥有最大的抓地力，尽量使车辆的主动安全性和操控性最佳。

奔驰的第二代4MATIC四驱系统应用在旗下S级、R级、ML级和GL级等多款车上。

2）宝马xDrive四驱系统。

xDrive四驱系统的结构重量在AWD系统中非常轻，并可在前后桥之间智能、无级可变地分配转矩。在抓地良好的路面上，xDrive将大部分动力输送到后轮，以获得最好的性能油耗比，当系统探测到打滑的情况，会立刻将动力分配给附着力最大的车轮，使车轮持续获得动力。如果系统发现车辆可能转向不足，也就是前轮开始被拖向弯道外侧，就会减少分配给前桥的转矩，并在瞬间将几乎所有动力都输送至后桥，使汽车具有转向过度的趋势。该系统还不断与动态稳定系统DSC交换信息，从而可以一开始就识别到车轮打滑。一旦出现车轮打滑，电动机会锁定xDrive的膜片式离合器，并通过额外的驱动力矩使这个车轮拥有更好的附着力，同时空转的车轮也会得到制动系统的有效控制。这就意味着无论路面如何突然变化，都会有最适量的转矩被输送到抓地力最好的车轮上。

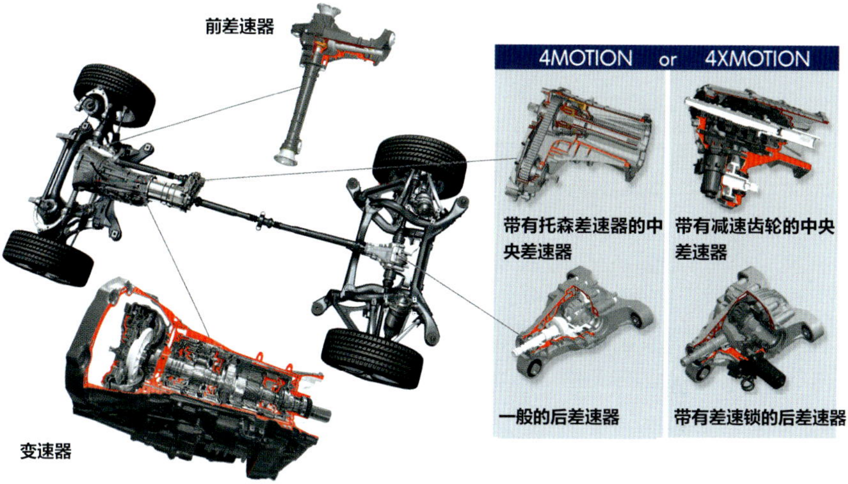

3）大众 4Motion 四驱系统。

4Motion 四驱系统几乎整合了目前世界上最先进的辅助装置，它的中央、后液压多摩擦片差速器都可以实现 100% 锁止，并有越野低速档的支持，可让车辆在低速下的转矩成倍放大。而在平常行驶中，采用该套系统的途锐的前后动力分配为 50：50。在混合路面上，它的中央和后差速器系统也可以根据电脑自动控制，配合反应迅速的主动安全系统，让途锐拥有了不错的通过能力，但是，美中不足的是 4Motion 四驱系统由于采用的是液压多摩擦片技术，因此在可靠性上不如机械式差速锁。

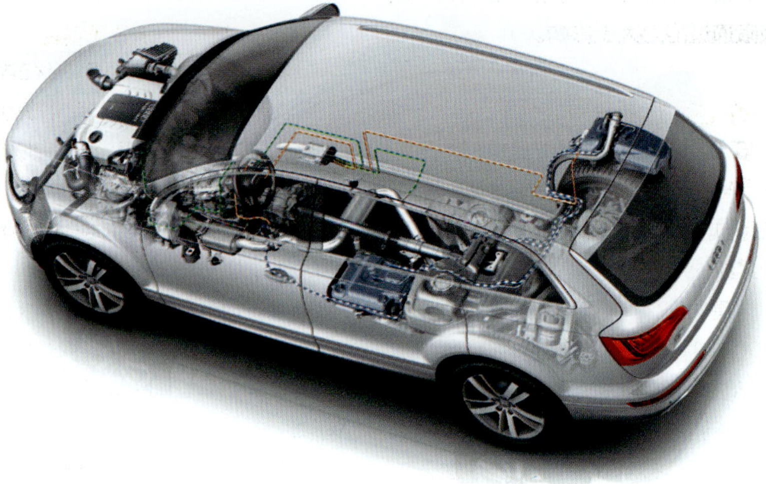

4）奥迪 Quattro 四驱系统。

奥迪 Quattro 四驱系统的核心部件是托森差速器，目前这套差速器已经发展到了第三代托森 C，和之前的系统比较起来，第三代托森差速器的原理没有太大变化，只是在形状和调节范围方面有一些改动。托森 C 可以根据行驶状态使动力输出在前后桥之间以 15:85~65:35 连续变化，而且由于是纯机械构造，其反应十分迅速，几乎不存在滞后，再加上 ESP 电子稳定程序的支持，更进一步提高了动力分配的主动性。

但是奥迪 Quattro 同样有一定缺陷，这就是由于来源于早期赛车运动，因此 Quattro 没有太强的越野能力。它的防滑装置不可以预先 100% 地锁止，而托森差速器和电子控制制动干预系统的辅助能力又不足，而且奥迪 Q7 也没有装备

日产智能全模式四驱系统构造图

可以将转矩成倍放大的越野低速档，因此极限通过能力大受影响。

5）日产智能全模式四驱系统。

智能全模式四驱系统是日产使用在中端 SUV 奇骏和逍客上的四驱系统，该系统事实上是一套通过电子控制的适时四驱系统，并没有真正意义上的中央差速器。但是与 CR-V 适时四驱系统不同的是，日产智能全模式四驱系统可以实现手动的四驱锁止，同样与 RAV4 的四驱锁止方式不同的是，日产这套四驱系统可以实现严格的 50:50 的动力输出。但是这种输出只能维持在车速 40 公里 / 小时以内，但这也足以让车辆拥有同级别中更好的通过能力。

6）丰田多地形选择系统。

丰田多地形选择系统在丰田越野车上第一次采用通过电子手段根据不同地形对车辆进行控制的技术。该系统一共提供了四种地形模式，让即便是越野初学者也可以很容易地驾驶车辆。

行车电脑通过对传感器发回的数据对车轮进行干预，保证车辆最好的牵引力，人们可以通过屏幕对道路状况进行选择。

该四种模式是泥地沙地模式、岩石模式、碎石模式和雪地模式，基本涵盖了初级越野玩家能够碰上的各种地形，方便了人们的驾驶。

丰田多地形选择系统构造图

7）本田 SH-AWD 四驱系统。

讴歌 MDX 搭载的 SH-AWD 四驱系统根据 SUV 的高车身特性进行了最佳调配，系统分配给前轮的转矩最大可达到 90%，而后轮左右轮之间的转矩分配仍是 100 : 0 至 0:100。同时，与 RL 相比，系统采用了后轮始终比前轮增速 1.7% 的增速方式，使系统更加轻量化和紧凑化。

本田SH-AWD四驱系统构造图

究其工作原理，SH-AWD 四驱系统的电子控制单元（ECU）与发动机的电子控制单元、车辆稳定辅助装置（VSA）的电子控制单元集合在一起，它从发动机的 ECU 得到转速、进气歧管压力和变速器传动比等信号，从 VSA 的 ECU 中得到侧向加速度、车轮转速和转向角数据，通过对这些数据的综合分析，SH-AWD 四驱系统的 ECU 计算出最合理的四轮动力分配比例，并且通过控制中央差速器和左、右两个直接电磁离合器来实现转矩的前后、左右分配。在转弯加速时，ECU 可以根据侧向加速度和转向角等判断驾驶人的意图，对外侧后轮施加更大的动力，主动地提供适当的辅助转向力。